TARİH ARAŞTIRMALARINDA USÛL

TARİH ARAŞTIRMALARINDA USÛL

Mübahat S. KÜTÜKOĞLU

Genişletilmiş
Beşinci Baskı

KUBBEALTI NEŞRİYÂTI

İstanbul 1997

İsteme Adresi:
Kubbealtı İktisâdî İşletmesi
Peykhâne Sk. Nu: 3 Çemberlitaş/İstanbul
Tel: (0 212) 516 23 56 Fax: (0 212) 517 14 60
Posta Çek No: 337056

Dizgi:
Kubbealtı Dizgi Merkezi
Tel: (0 212) 516 23 56

Baskı:
Özal Matbaası
Tel: (0 212) 520 60 58

KUBBEALTI NEŞRİYÂTI: 27
ISBN 975-7663-11-5

İÇİNDEKİLER

İkinci Bölüm
TARİHİN KAYNAKLARI

Üçüncü Bölüm
ESERİN HAZIRLIK SAFHASI

Dördüncü Bölüm
ESERİN KALEME ALINMASI

Beşinci Bölüm
ESERİN BASIMI

EKLER

BİBLİYOGRAFYA

ÖNSÖZ

Bütün ilim dallarında olduğu gibi tarihde de ciddî bir inceleme meydana getirilebilmesi, ancak ilmî araştırma usûllerinin bilinmesi ile mümkündür. Gerçekten, konuyla ilgili bibliyografyanın tesbitinden başlayarak, matbaada dizilen kitabın tashihine kadar, çeşidli safhalarda kullanılan usûller bilinmeden, gerçek mânâda ilmî bir eser meydana getirilemez. Bu bilgiler ise, üniversite öğrencisinin seminer ödevleri ile lisansüstü tezlerin hazırlanması sırasında kazanılabilecektir. Ancak, seminer ve tez yönetimi sırasındaki tecrübeler göstermiştir ki, her yeni safhada, bir öncekinde edinilen bilgiler kısmen kaybolmakta ve sonuçta yanlış yapma ihtimali belirmektedir. *Tarih Araştırmalarında Usûl,* lisans ve lisans üstü öğrencilerinin ilmî araştırmalarında faydalanabilecekleri bir rehber kitabın, bu gibi ihtimalleri bertaraf edebileceği düşüncesiyle hazırlanmıştır.

Tarih Araştırmalarında Usûl, 1970'li yıllarda "*Teze hazırlık çalışmaları*" adıyla tez öncesinde yapılan seminer çalışmalarıyla başlayan, daha sonra, öğrencilerin tesbit edilen eksiklikleri ve sordukları sorularla gelişen, 1982'den sonra teorik hale sokulan dersin, notlarının geliştirilmesiyle meydana gelmiş olup, klâsik araştırma usûllerini ihtiva etmektedir. Esas gaye öğrenciye pratik bilgi vermek olmakla birlikte, daha önceki yıllarda görülen "Tarih Metodu" dersinde okutulan bahislerin hatırlatılmasında fayda görüldüğünden beş bölümden meydana gelen kitabın ilk iki bölümü tarih felsefesi ve tarihin faydalandığı ilimlerle kaynaklarının tasnifine ayrılmıştır. Eserin malzemesinin toplanmasına, üçüncü; kaleme alınmasına, dördüncü; daktilo, dizgi ve baskı safhalarında yazara düşen görevlere ise beşinci bölümde yer verilmiştir. Ders kitabı olduğu için dipnotu kullanılmamaya çalışılmış, faydalanılan eserler bibliyografyada gösterilmiştir. Ayrıca sona, değişik türdeki eser plânlarından örnekler ve Osmanlı tarihi konusundaki araştırmalarda ilk elde ihtiyaç duyulacak referans kitablarıyla belli başlı resmî ve husûsî tarihlere âid listeler eklenmiştir.

Üniversitede öğrenci için hazırlanmış el kitablarının yok denecek kadar az oluşu dolayısiyle, tahminin aksine, *Tarih Araştırmalarında Usûl*'ün ilk baskısı çok sür'atle tükenmiştir. İkinci baskı yapılırken kitab, yeniden gözden geçirilerek bazı ilâveler yapılmış; dördüncü baskıda ise, derslerde öğrencilerden gelen sorular doğrultusunda genişletildiği gibi, çeşidli üniversitelerde öğrencilerine bu kitabı tavsiye eden meslekdaşlarımın isteklerine uyularak örnekler arttırılmış ve nihayet, bilgisayarın öğrenciler tarafından da kullanılmaya başlanması dolayısiyle, her bahsin sonunda, eserin bilgisayarda yazılması halinde nasıl bir yol takib edilmesi gerektiği hakkında bilgi verilmeye çalışılmıştır.

Kitabın ikinci ve müteâkıb baskılarını sür'atle yaparak öğrencilere kitab sıkıntısı çektirmeyen Kubbealtı Akademisi Kültür ve San'at Vakfı'na teşekkürü borç bilirim.

Mübahat S. Kütükoğlu

KISALTMALAR

a.g.e.	adı geçen eser
a.g.m.	adı geçen makale
ATASE	Askerî Tarih ve Stratejik Etüd Başkanlığı
AÜDTCF	Ankara Üniversitesi Dil ve Tarih Coğrafya Fakültesi
AÜDTCFD	Ankara Üniversitesi Dil ve Tarih Coğrafya Fakültesi Dergisi
bk.	bakınız
BOA	Başbakanlık Osmanlı Arşivi
çev.	çeviren
E.Ü.	Ege Üniversitesi
fas.	fasikül
Gnl. Kr.	Genel Kurmay
Gnl. Md.	Genel Müdürlük
haz.	hazırlayan
HH	Hatt-ı Humâyûn
hük.	hükümdarlığı
IRCICA	İslâm Tarih, Kültür ve San'at Teşkilâtı
İA	İslâm Ansiklopedisi
İMŞS	İstanbul Müftülüğü Şer'î Siciller
İ.Ü.	İstanbul Üniversitesi
İÜİFM	İstanbul Üniversitesi İktisat Fakültesi Mecmuası
KKA	Kuyûd-ı Kadîme Arşivi
Ktb.	Kütübhane
MEB	Millî Eğitim Bakanlığı
M.Ö.	Milâddan önce
neşr.	neşreden

nr.	numara
ODTÜ	Ortadoğu Teknik Üniversitesi
ö.	ölümü
s.	sayfa
sad.	sadareti
TDK	Türk Dil Kurumu
terc.	tercüme
TOE	Tarih-i Osmânî Encümeni
TSM	Topkapı Sarayı Müzesi
TSMA	Topkapı Sarayı Müzesi Arşivi
TSMK	Topkapı Sarayı Müzesi Kütübhanesi
TTE	Türk Tarih Encümeni
TTK	Türk Tarih Kurumu
TÜYATOK	Türkiye Yazmaları Toplu Kataloğu
TY	Türkçe yazma
Üniv. Ktb.	Üniversite Kütübhanesi
VBM	Vakıflar Baş Müdürlüğü
VGM	Vakıflar Genel Müdürlüğü
yay.	yayını, yayınlayan
yy	yüzyıl

Birinci Bölüm

TARİH VE FAYDALANDIĞI İLİMLER

I. TARİHİN MÂNÂ, KONU ve FAYDASI

A. Tarihin Tarifi

Çağımız bir teknik çağıdır. İnsanoğlu, îcad ettiği âletler sâyesinde, uzaya gitmekte, insan eliyle yapılacak işlemler, çok kısa sürelerde bilgisayarlara yaptırılmaktadır. Amma bütün bu gelişmeler, tarihi ihmal edilebilir hale getirmemekte, bilâkis, çağımızı, aynı zamanda «tarihci kafasıyla düşünme çağı» haline sokmaktadır. Şu halde, tarihin nasıl incelenmesi gerektiği hakkında bilgi edinmeden önce, büyük fikir adamları ve tarihcilerin tarih hakkındaki görüş ve düşüncelerine kısaca temas etmek faydalı olacaktır.

Tarih, en basit ifadeyle «geçmişin bilimi» olarak tarif edilmiştir. Ancak bu, eksik bir tariftir. Fransız Annales Okulu kurucularından Marc Bloch, bu tarifi «zaman içinde insanların ilmi» şekline sokmuştur. Amerikalı tarihçi Turner ise tarihi «geçmişten bize ulaşan, günümüzde ortaya çıkan tenkidci ve yorumcu bir anlayışla incelenen kalıntılar», Ariel ve Will Durant ise kolayca yorumlanacak birşey olarak görmedikleri tarihi "geçmişte olan hadiseler hakkındaki belgelerin verileri" şeklinde tarif ederler.

Voltaire, bütün tarihin ilk esaslarını «bir nesilden öbür nesle intikal eden hikâyeler»in teşkil ettiğini; hayatın ferdî uzviyetteki devamı gibi, tarihin de sosyal bünyede bir devamlılık olduğunu söyler. Ona göre insan, mevcudiyetini hatırladığı için mevcuddur ve bunu hatırlayarak, bundan sonra da öyle olacağına karar verir. Beşeriyet için de durum aynıdır.

Tarih, geçmişte insanlar tarafından meydana getirilen olayları bize ulaştırdığına göre, tarihci E.H. Carr'ın «tarihci ile olaylar arasında devamlı bir etkileşim ameliyesi, geçmişle günümüz arasında bitmeyen bir dialog»; Lucien Febvre'in ifadesiyle «geçmiş ve bugünün incelenmesi», bir bakıma «bugünün açıklanmasıdır». Yine Annales Okulu mensublarından büyük tarihci Fernand Braudel de tarihi, «bütün tarihlerin toplamı, geçmiş, hal ve gelecekteki meslekî kabiliyet ve bakış açılarının bir araya gelmesi» olarak görür. Ona göre, her günlük olay, değişik menşeli ve ritmli hareketleri bir araya getirir. Bugünün zamanı dünden, daha evvelden, çok eskilerden kaynaklanır. Tarihî zaman geri çevrilemez ve dünyanın dönüşüyle aynı ritm içinde akar.

Tarih, «hâtıra, tecrübe ve mülâhaza ilmi» olarak da tarif edilmiştir. Bu tarifi yapan Gabriel Hanotaux, tarihin, «beşerî bir kabiliyet olduğu; ferdî bütün tecrübeleri birbirine birleştirerek beşerî bir uzviyet haline koyduğunu» söyler.

M. Bloch, tarihi bir müşâhade ilmi olarak görür. Fakat burada, bu müşâhade kimin tarafından ve ne üzerinde yapılacaktır sorusu hatıra gelir. Tarihci, olayları bizzat görme imkânına sahib değildir. Yani, bir fizikçi veya kimyager gibi laboratuvarında müşâhade imkânından mahrumdur. Prof. İ. Kafesoğlu'nun da işaret ettiği gibi, olayları, müşâhade edenlerin bıraktıkları belgelere dayanarak takib etmek mümkündür. Müşâhade ise ancak kalıntılarda yapılabilir, olaylarda değil.

Hakikat, ressam için ne ise, tarihci için de odur; ancak geçmiş herkese farklı bir ışık altında görünür. Tarihci, eserinde duygu ve düşüncelerini de dile getirir. Montaigne'in dediği gibi, şuur bir noktayı dahi tahrif etmese bile, şuur altı için bundan emin olunamaz.

B. Tarihin Konusu

«Tarih, geçmişteki olaylarla ve o olayların zaman içindeki akışıyla ilgilenir» tarifi, tarihin konusunun belirlenmesi bakımından yeterli değildir. Zira, dünyadaki olaylar, sadece insanlar tarafından meydana getirilmemişlerdir. Bir de tabiat olayları vardır ki bunlar, insanın dışında vuku' bulurlar. Tarih ise insanların faaliyetleri neticesinde meydana gelen olaylarla ilgilenir. Başka bir ifadeyle tarih, bir olaylar dizisini değil, insanların düşüncelerinin ifadesi olan ve zamanla ortaya çıkan olayları; insanların yönlendirdiği sosyal gelenekleri konu edinir. Bunları şekillendiren kanunları bulmayı, gelişme-çöküş; tekâmül-yozlaşma şart ve safhalarını açıklığa kavuşturmayı vazife edinir.

Tarihin meydana gelmesinde, insan unsurunun rolü kesin olmakla birlikte, bunun, önder vasfını hâiz insanlarca mı, yoksa toplumlarca mı gerçekleştirildiği konusunda görüş ayrılıkları vardır.

Michelet ve Fustel de Coulanges, «tarihin konusu, tabiatı gereği insandır» derler. Thomas Carlyle ise tarihin konusunun, büyük işler başarmış adamlar olduğunu söyler. «İnsanların başardığı işlerin tarihi, yeryüzünde çalışıp çabalamış adamların tarihidir.» Dünyadaki ulaşılmış başarılar, hep büyük adamların fikirlerinin maddî sonuçlarıdır. Şu halde dünya tarihinin ruhunu büyük adamlar teşkil eder. Bu görüşü savunanlar, olağanüstü kabiliyet sahibi olduklarını söyledikleri büyük adamları «dâhîler» veya «kahramanlar» olarak adlandırırlar.

Bu görüşün aksine, Bloch gibi, tarihin konusunun asla ferdler olmayıp, insanın içinde yaşadığı teşkilâtlanmış toplumlar olduğu iddiasında bulunanlar da vardır.

İnsanlar farklı ruh yapılarına sahibdir ve tarihî olayların meydana gelmesinde insanlarn rûhî hallerinin rolleri bulunduğu da inkâr edilemez. Şu halde tarihci, sadece fikirlere ilgi duymayıp, bu fikirlerin içindeki duygu ve heyecanın köklerine de inmelidir. Ancak insanlar, farklı ruh yapılarına sahib oldukları için, her yeni vâkıada meydana gelen olay da farklılık gösterir.

Ferdlerin farklı psikolojik yapıları gibi, toplumların da farklı psikolojik yapıları vardır. Tarihcinin toplum psikolojisini de gözden uzak tutmaması gerekir. Nitekim, eserlerini bu görüş açısından değerlendiren tarihciler de vardır. Alman Ranke ve Mommsen, Fransız Renan ve Michelet bunlardandır.

Bazı tarihciler, olayların, tamamen iktisâdî faktörlerden kaynaklandığını iddia etmekte ve bütün tarihî olaylara bu perspektif içinde bakmaktadırlar. Prof. Ö. L. Barkan'ın da işaret ettiği gibi, «ideolojik modellerle oynamak» ve «olayları doktrin uğruna dar kalıblar içine sokmak» tarihci için kaçınılması gereken bir tarzdır. Bunun yerine misalleri çoğaltmak ve çeşidli faktörleri bir arada mütalaa etmek gerekir.

İnsanlar tarafından meydana getirilen tarihî olayların her birinde genel ve özel âmiller söz konusudur. Genel âmiller, her olayda göz önünde bulundurulması gereken hususlardır. Özel âmillere gelince, bunlar, olaydan olaya değişen şartlardır. İyi bir tarihcinin vazifesi ise, bunların her ikisine birden gerekli önemi vererek inceleme yapmaktır.

Tarihci, incelediği toplumla o toplumun içinde bulunduğu mekân arasındaki bağlantıyı da hiçbir zaman gözden kaçırmamak mecburiyetindedir. Mekândan soyutlanmış bir toplum düşünülemeyeceği gibi böyle bir tarih yazılması da düşünülemez.

Tarihe, İngiliz J.H. Plumb'ın ifadesiyle «müsbet ilimler gibi gözlem ve hayal gücü, yaratıcılık ve sempati ile» yaklaşılmalıdır. Ancak, tarihci, aynı zamanda, üzerinde çalıştığı konunun menşe'ine kadar inmeğe çalışacak sabır ve takib fikrine de sahib olmalıdır. Bloch'un biraz aşırı benzetmesiyle iyi bir tarihci «masallardaki çocuk yiyen dev»e benzemeli; «insan etinin kokusunu aldığı yerde avının olduğunu» bilmelidir. Ancak bu gayret, daima gerçeği bulup çıkarmak için gösterilmelidir.

C. Tarihin Faydası

Bugün hâlâ tarihi, sadece geçmişteki bir olaylar dizisi gibi gören, zekâ ve enerji gerektiren ve sonuç getiren pek çok verimli saha varken tarih yazmak için zaman harcanmasına akıl erdiremeyenler vardır. Halbuki tarih, diğer ilim dalları yanında bir konudan ibâret değildir. Aynı zamanda, insanlara, doğru neticelere varmaları için yön veren bir düşünce tarzıdır. Geçmişini bilmeyen, yani kendini tanımayan bir toplum, tıpkı hafızasını kayb etmiş, akıntıya kapılmış gibidir. Bütün insanların geçmişten cesaret almaya, onu öğrenmeye ve bu suretle tecrübe kazanmaya ihtiyacı vardır. Her millet, atalarının geçmişteki başarılarıyla iftihar eder. Gerek ferdlerin, gerekse toplumların ne olduklarını ve nereden geldiklerini bilmeye ihtiyacları vardır.

Bunun sağladığı rûhî tatmin yanında, pratik bir takım faydaları da mevcuddur. Zîrâ insanlar, sadece kendi tecrübelerinden değil, kendilerinden öncekilerin tecrübelerinden de istifade ederler. Bu ise, onların yazıp bıraktıkları şeyler, yani tarihî kaynaklar sâyesinde olur. Eski tecrübeler ise hâle ve geleceğe ışık tutar; yeni gelişmelere istikamet verir. Tarihî gelişmelerin bilinmesi, çağdaş değerlerin de daha iyi takdir edilmesine imkân sağlar.

Paul Valery'nin ifadesiyle «tarih, bize önceden görme imkânı pek vermez, fakat zihnin bağımsızlığı ile ortak olduğundan bizim daha iyi görmemize yardım edebilir». Léon - E. Halkın, daha ileri gitmek gerektiğini, zîrâ, tarihin bilinmesinin geleceği düşünmek bakımından zarûrî olduğunu söyler. «Geleceğin hayalleri geçmişe karşı gelmek istedikleri zaman bile, kendi unsurları içinde, ona bağlı bulunmaktadırlar» der.

İnsana doğru değerlendirme yapmayı öğreten tarih, onu, Prof. M. Gökberk'in işaret ettiği gibi, «çağdışı olmaktan kurtarır, gününü yaşayan, geleceğe doğru uzanan değerleri içinde yapıcı rol oynamasına yol açabilir.»

Yine Halkın'ın ifadesiyle tarih üzerinde tefekkür, tenkid zihniyetinin teşekkülünde rol oynar ve insanı tanımaya yardım eder. Tecrübî ilimlerdeki matematiğin rolünü, sosyal ilimlerde tarih yüklenmiştir. Başka bir ifadeyle bu ilimler, «doğruluk ve hakikatın teminatıdır. İnsan geçmişini ne kadar iyi tanırsa, onun, o ölçüde az kölesi olur.»

Şu halde tarih, insanların kültür seviyelerinin yükselmesine yardımcı olur. Amma, Prof. A. Toynbee'ye göre tarih merakı sadece «entellektüel bir alıştırma» olmayıp insanlarda daha başka duygular da uyandırır; bunlardan biri de «huşû duygusudur».

Tarih, insanlarda ahlâk şuurunu uyandırıp mânevî değerlerin gelişmesinde rol oynar. Âileden başlayıp millete doğru gelişen bir sevgi ve bağlılığın doğmasına imkân hazırlar. Böylece tarih, bir ferdin âid olduğu milletin, üstünde yaşadığı vatan topraklarının geçmişini öğrenme ve araştırma arzusunu ortaya çıkarır.

Tarih, diğer ilimlerdeki gelişmeleri takib edebilmek bakımından da fayda sağlar. Sosyal ilimlerdeki gibi tabiî ilimlerdeki gelişmeler de tarihin usûlleri kullanılarak tesbit edilir.

Sosyal ve siyâsî ilimler ise tarihe büyük ihtiyac duyarlar. Çünki, bu ilimler de tıpkı tarih gibi insanın faaliyetlerini konu edinmişlerdir. Bu sebeble de birbirlerine tesir eder; hemen aynı dili konuşurlar. Şu halde bunlar için ortak bir model yapılabilir. Ancak bu modelin rolü ve sınırlarının iyi tesbit edilmesi gereklidir.

Sosyal ilimlerin geçirdikleri tekâmüllerin tarihleri de tarih araştırmalarındaki usûller kullanılarak yazılır. Hukuk, iktisat, sosyoloji, coğrafya, kültür ve medeniyet tarihleri bunlar arasındadır.

II. TARİH TELÂKKİSİ ve GELİŞMESİ

Tarihî eserler, yazılış tarzlarına göre birkaç grupta incelenir.

A. Hikâyeci (Rivâyetci) Tarih

Bu tarzın ortaya çıkması eski Yunandadır. Başlangıçta ağızdan ağıza dolaşan hatıralar, şâirler tarafından nazım tarzında söylenmekte ve bunlara *epos* adı verilmekte iken *logograf*lar tarafından hikâyeleştirilerek nesre çevrilmişler ve arşivlerdeki malzemenin de ilâvesiyle içlerine hakikat da karışmıştır.' Ancak, Strabon'un ifadesine göre epos olmaktan da kurtulamamışlardır. Aslında logografların eserleri ne edebî, ne de tarihî eserlerdir; ancak ilmî araştırma yolunu açan «basit kronikler»dir denilebilir. Bunlardan biri olan Hekataios'da ise tarihcilere yaklaşan bazı özellikler vardır. Bir seyyah olması ona, araştırma fikrini de vermiştir.

Bundan sonraki merhalede karşımıza çıkan tarihci, «tarihin babası» sıfatını kazanmış olan Herodotos'dur. Her ne kadar Herodotos da birçok bakımlardan logrfların yolundan gitmişse de insanı merkez haline getirmiş olması ve kavrayış üstünlüğüyle onlardan ayrılır. Herodotos, vâkıa hikâyeci tarih tarzını kullanmıştır amma olayları peşpeşe sıralamakla kalmayıp onları bir düzen içinde nakl etmiş, bir kompozisyon örneği vermiştir. Eserde az olmakla birlikte siyâsî görüşler de vardır; lâkin tenkid mefhumuna sahib değildir. Ancak, gördükleri ile işittikleri arasında bir ayırım yaptığı göz önüne alınırsa, bu yolda bir adım atmanın eşiğinde bulunduğu söylenebilir.

Maamafih, hikâyeci tarihin mümessili olan Herodotos'dan sonra da sadece olayların cereyan tarzlarını anlatan, fakat tarihlerini de verdikleri için onları hikâye sınıfına girmekten kurtaran tarz tarihcilik daha uzun asırlar devam etmiştir. Roma'da, ortaçağ Avrupası ve İslâm dünyasında da vekayinâme türü eserler hep bu görüşle kaleme alınmışlardır. Böylece, tabiî, ne olayların sebeblerine, ne aralarındaki münâsebete, ne de neticelerine yer verilmiş; muhakeme ve tenkid unsuru çalıştırılmamıştır.

B. Öğretici (Pragmatik) Tarih

Her ne kadar hikâyeci tarih tarzı uzun asırlar benimsenip mevcudiyetini devam ettirmişse de, daha Herodotos'un yaşadığı asırda, başka bir tarih yazıcılığının daha ortaya çıktığını görüyoruz.

Geçmiş olaylardan ders almak, gelecekteki yolu doğru çizebilmek, okuyucuya ahlâkî ve millî duygular aşılayabilmek maksadıyla yazılan bu tarz tarih kitabları, öğretici bir mâhiyet arz ettiklerinden *öğretici* veya *pragmatik* denilen tarihcilik akımı içinde yer alırlar.

Öğretici tarzın önderliğini yapan tarihci ise Thukydides'tir. Gerçek mânâda tarihcilik de onun *Peloponnesos'lularla Atina'lıların Savaşı* adını taşıyan eseriyle başlamıştır. Eser, sadece edebî bakımdan değil, metod ve zihniyet bakımından da, daha önceki tarihlerden çok farklıdır. Bu fark, eserin gerek konu, gerekse muhtevâsında kendini gösterir. Eser, zaman ve mekân bakımından sınırlandırıldıktan başka, sadece müellifin yaşadığı devrin olaylarına tahsis edilmiş; devlet, tarihî realitenin merkezi olarak görülerek, esas yerine yerleştirilmiştir. Devlet düşüncesinin esasını siyâset teşkil etmesi dolayısiyle de Thukydides, bir siyâsî tarih yazıcısı olmuştur.

Thukydides, yetişme tarzı dolayısiyle, araştırmaya yeni bir mânâ getirmiştir. O da, siyâsî öğretimde faydalı olmadır. Böylece ilk defa olarak tarih ilminin sosyal ilimler içindeki yeri de tayin edilmiştir.

Burada gaye, görüldüğü gibi, faydalı olmak, tarih yoluyla tecrübeyi arttırıp bilgiyi çoğaltarak geliştirmek ve insanı başarılı kılmaktır. Bunun şartları ise, a) hakikate tamamen sadık kalmak; b) vâkıaları anlatırken, aralarındaki münâsebetleri ortaya koymaktır ki, geçmişi öğrenip, bu bilgilere dayanarak hâl ve gelecek hakkında hüküm vermek mümkün olur.

Tarih yazıcılığında bu tarz, Thukydides'ten sonra diğer Grek ve Roma tarihcilerince de benimsenmiş, Polybios, Plutarkhos, Tacitus, Machivelli gibi yazarlar onun izinden gitmişlerdir.

Pragmatik tarihin en bâriz husûsiyeti, tarihte ün yapmış şahsiyetlere büyük yer vermesi, bu şahısların idealleştirilmeleri; hatta âdeta insan üstü varlıklar haline getirilmeleridir. İslâmiyetteki «Siyer» kitabları da bu tarza örnek olarak gösterilebilir.

Thukydides'in açtığı çığır, tarihî hakikatleri ortaya koymak hedefini güttüğü halde, örnek olmak prensibiyle de hareket ettiğinden, bunu benimseyen müelliflerin eserlerinde hep zaferler ve parlak olayların işlenmesine özen gösterilmiş; başarısızlıklar ve hayal kırıklıkları karşısında sükût tercih olunmuştur ki bu tutum, öğretici tarz tarihin zaafını teşkil etmiştir.

C. Araştırıcı Tarih

XIX. yüzyılda tarih yazış tarzında ciddî bir hamle yapılmış; olayların sade anlatım veya istikbale matuf öğretici vasfı yanında, çıkış sebebleri, bunları hazırlayan âmiller, çeşidli olayların sebeb ve netice münâsebetlerinin araştırılmasına başlanmıştır ki böylece tarih, bir *ilim olma hüviyeti kazanmıştır.*

Tek Allah'a inanan dinlerde, o dine mensub insanlar eşit görülürken, artık hangi dine mensub olurlarsa olsunlar, bütün insanların eşit olduğu görüşünden hareket edilerek bir kültüre sahib oldukları ve tarihin oluşunda katkıda bulundukları kabul edilmiştir.

Bununla beraber, dünyada cereyan eden olaylar, yeri ve zamanı bakımından değil, cereyan tarzı, rol alan şahıslar bakımından da farklılıklar gösterir. Şartların müsâid olması halinde, benzer olaylar cereyan edebilirse de -çok kullanılan bir ifadeyle- «tarih tekerrür etmez». Yani, tarihî olaylar, hiçbir zaman aynı cins ve mıkdarlarda aynı malzemelerin kullanıldığı laboratuvar deneyleri gibi değildir. Herbirinin özel şartları, değişik mekânları vardır. Bu olaylara karışan şahısların karakterleri, olay esnasındaki hâlet-i rûhiyeleri, dış tesirler birbirinden farklıdır. Şu halde, gerçek mânâda bir tahlil için, bütün bunların derinliklerine inilip ayrı ayrı araştırılması gerekir.

Olayın oluşuna sebebiyet veren şartların araştırılması da ayrı bir önem taşır. Çok kere bir vâkıayı tek bir sebebe bağlamak hatalıdır. Coğrafî, sosyal, siyâsî, iktisâdî vs. şartların iyi incelenmesi lâzımdır. Bunlardan birinin görülüp diğerlerinin ihmâli yanlış neticelere götürebilir. Şu halde, tarihin ilim sıfatını kazanabilmesi, diğer bir ifadeyle *ilmî tarihcilik* yapılabilmesi için tarihin sosyal ilimlerle olan münâsebetlerinin her zaman göz önünde bulundurulması, yerine ve zamanına göre, onlardan yardım istenmesi gerekir.

Kısaca ifade etmek gerekirse, tarih çalışmalarında, mantıklı bir analize ihtiyac vardır. Gerçek tarih, yüzeydeki olayların derinliklerine nüfuz etmeye çalışmaktır. Bu şekliyle tarih, belki de «bütün ilimlerin en zorudur». Fakat bir kere câzibesine kapıldıktan sonra düşünceler hep aynı noktada teksif edilecek; metodlu bir çalışma ise bu câzibeye daha fazla canlılık getirip geliştirecektir.

Burada, tarihcinin araştırma için seçeceği zaman diliminin sınırlandırılması üzerinde de çok kısa olarak durmakta fayda vardır. Araştırmalara konu olarak kısa dönemler mi, yoksa daha şumûllü olmasını temin maksadıyla, uzun dönemler mi alınmalıdır? Tarih, bir bakıma bugünün açıklaması olduğuna göre, bu açıklamanın mükemmel olabilmesinin temini bakımından, kısa dönem çerçevesinde düşünülmemesi, uzun dönemin incelenmesiyle, kısa dönemde ortaya konamayacak bazı gerçeklerin aydınlığa kavuşturulabileceği görüşünde olanlar vardır. Bu görüşün mümessili F. Braudel, bunu kabûl etmenin, «bir düşünce patlaması», bütün toplum hayatının «yeni bir şekilde kavranması» ve «yavaş ilerleyen, hatta bazan neredeyse durgun olan zamanla tanışılması» demek olduğunu; «çok gürültü yapan aktörlerin her zaman en gerçek aktörler» olmayıp sessiz kalan diğerlerinin de bulunduğunu söyleyerek, tarihcinin, uzun dönemde çalışması halinde daha başka kaynaklarla da tanışacağını; böylece, olayların derinliklerine inme veya neticelere varma imkânının artacağını belirtmek istemiştir.

Gerçekten, bazı türdeki araştırmalarda, konuyu uzun dönemde mütalaa etmenin çok büyük faydalar sağlayacağı şübhe götüremez. Müessese tarihleri buna misâl olarak gösterilebilir. İleride de temas edileceği gibi, konuyu, hiçbir mesnedi olmayan tarihlerle sınırlandırmak da son derecede sakıncalıdır. Sınırlandırmalarda tarihî ve mantıkî dönüm noktaları aranmalıdır.

Uzun dönem, belki tarihî seyrin en iyi şekilde görülebilmesini temin bakımından tercihe şâyân bir tarzdır. Fakat bu, kısa döneme âid çalışmalar yapılmamalıdır mânâsına gelmemelidir. Kısa dönem araştırmaları arttığı takdirde uzun dönemi kapsayan incelemeler de daha kolaylaşacaktır.

Tarihci, en iyiyi, en doğruyu ve kendisini gayeye götüren yolları denemeli, eksiklerini doldurmak için gayret göstermelidir. Bazan neticeye varmak için sarf ettiği emekler boşa gidebilir, aradığını bulamaz, başladığı noktaya dönebilir; ancak bu başarısızlık onu hayal kırıklığına uğratmamalı, tam aksine, neticeye varacak başka yollar ve metodlar denemelidir. «Bilememek» ve «bulamamak» kelimeleri, tarihcinin kullanacağı en son sözler olmalıdır. Bunlar söylenmeden her yol denenmeli, her türlü kaynağa baş vurulmalıdır. Şüphesiz, kaynaklara hiç aksetmemiş, hiçbir ip ucu bulunmayan veya zamanında zabt edilmiş olduğu halde çeşidli sebeblerle günümüze intikal edememiş bilgileri elde etmek mümkün değildir. Böyle durumlarda elbette tarihcinin aczi söz konusu olamaz.

III. TARİHİN FAYDALANDIĞI İLİMLER

Tarihin, başka ilimlerle münâsebeti olmaksızın gelişmesi düşünülemez. Hangi ilimlerle ne oranda alâkası bulunduğu, onlardan ne gibi hususlarda faydalanacağı hakkında fikir sahibi olan tarihci bir problemle karşılaştığında hangi ilim dalının yardımına baş vurabileceğini bilir.

Tarih araştırmalarında faydalanılan ilim dalları şunlardır:

A. Felsefe

Felsefe, doğru ve bilinçli düşünmeyi, belirtiler arasındaki genel bağları kurmayı öğreten, dünya görüşlerinin kavranmasına imkân hazırlayan bir ilim dalıdır. Tarihî düşünüş ve münâsebetleri gösteren kolu ise *tarih felsefesi*dir. Olayların doğru bir tahlîli, ancak o devrin felsefesinin bilinmesi ile mümkün olur.

B. Sosyoloji

Sosyoloji, toplumdaki sosyal kanunları ortaya koyan, tarih ise, geçmişteki olayları bu kanunları göz önünde bulundurarak inceleyen ilim dallarıdır. Şu halde tarih araştırmalarında doğru neticelere varılabilmesi için sosyoloji kanunlarının bilinmesine ihtiyac vardır.

C. İktisat

Birçok tarihî olayın temelinde iktisâdî faktörler yatar. Bu olayların kanunları, iktisat ilmince ortaya konur. Tarih ise onların tasviri ile meşgul olur. Ancak, bütün tarihî olayların iktisâdî sebeblerden kaynaklandığı görüşüne de saplanılmamalıdır.

D. Antropoloji

«İnsanın tabiî tarihi» olarak tarif edilen antropoloji, fizik ve kültür antropolojisi olarak ayrılır.

1. Fizik antropolojisi, insan ırkının tekâmülünü;

2. Kültür antropolojisi ise, kültürlerin, yazının icadından önceki devirlerden başlayarak bugüne kadarki gelişmesini inceler.

a. *Arkeoloji*

Kültür antropolojisinin bir kolu olarak gelişmiş bir ilim dalı olan arkeoloji, özellikle belgelerin bulunmadığı devirler için, tarihin en mühim yardımcılarındandır. Kolayca tahmin edileceği gibi, kalıntılar, bilhassa kültür ve medeniyet tarihi açısından büyük kıymet taşırlar. Hatta arkeolojik buluntular yanında yazılı kaynaklar bazan ikinci plâna düşebilir.

b. *Etnoloji*

Bu ilim dalı, etnoloji, sosyal antropoloji ve dil olarak üç kısımda incelenebilir.

ba. *Etnografi* ile etnoloji arasındaki fark, antropolojinin kalbi addedilen etnografinin tek bir kabile veya topluluğun hayatının ana unsurları olan yaşayış, örf, âdet ve geleneklerini incelemesine karşılık *etnoloji*nin iki veya daha fazla sayıda kültür arasında mukayeseli çalışmalar yapmasıdır.

bb. Etnolojinin diğer bir kolu olan *Sosyal Antropoloji* ise, çalışmalarını birkaç koldan sürdürür.

ı. Dînî, siyâsî, iktisâdî ve sosyal müesseseler;

ıı. Müzik, dans, halk edebiyatını içine alan *folklor* araştırmaları;

ııı. Etnoloji ile tarih ve etnoloji ile psikoloji arasındaki münâsebetleri konu alan mukayeseli çalışmalar yapar.

bc. *Dil (Filoloji)*

Bir toplumun dili bilinmeden tarihinin bilinmesi mümkün değildir. Bunun içindir ki tarihî araştırmaların ilk şartı o toplumun dilinin öğrenilmesidir. Bu da filoloji denilen dil bilgisi sayesinde olur. Ne var ki, tarihî araştırmalarda basit bir dil bilgisi çok zaman yeterli değildir. Kelimelerin lügatteki karşılıkları dışında, çeşidli devirlerde ve kullanılış yerlerine göre ifade ettikleri mânâların da bilinmesi lâzımdır. Aksi halde büyük hatalara düşülebilir. Meselâ, «terakkî» kelimesinin lügattaki karşılığı ilerlemedir. Fakat Osmanlılarda tabir olarak «terakkî», kapıkulu veya timar erbabına cülûs veya harb sonrasında yapılan zammı gösterir.

Böylece, antropoloji ve ona bağlı ilim dalları, tarihin sıkı münâsebette olduğu ve faydalandığı ilim dallarını teşkil eder.

E. San'at Tarihi

San'at tarihi kısmen arkeolojinin metodlarını kullanmakla birlikte, son zamanlarda gelişme göstermiş bir daldır ve özellikle kültür tarihi açısından ihmâl edilemez.

F. Coğrafya

Bütün tarihî olaylar coğrafî bir mekân içinde geçerler. Mekânın tasviri, olayların değerlendirilmesi açısından çok mühimdir ki bunu da coğrafya yapar. Coğrafî şartlar, tarihe şekil verir ve gelişmesine yardım eder. Deniz kıyıları, nehir ve göllerin çevreleri, vahalar gibi topraklar, insanların yerleşmeleri için en elverişli sahalar olmuşlar; büyük medeniyetler buralarda doğmuştur. Mısır, Nil'in; Mezopotamya, Fırat ve Dicle'nin insanlık âlemine hediyeleridir. Bunun gibi Hint kültürü de Ganj ve Brahmaputra nehirleri sayesinde gelişmiştir. Avrupa medeniyetlerinde ise Tuna, Ren, Elbe, Seine, Loire ile Po nehirlerinin büyük rolü olmuştur. Afrikalı zencilerin büyük medeniyetler meydana getirememiş olmalarının sebebini de yine coğrafî şartlarda aramak gerekir.

Aslında *beşerî coğrafya*, tarihe, fizikî coğrafyadan çok daha yakındır. Zira o, kanunlar teklif etmek yerine, toprağın iskân edilişinin şartları ve sonuçları hakkında bilgi verir. Beşerî coğrafyanın, tarihin en çok yardımcı olduğu sahası, iktisadî ve sosyal tarihdir.

Tarihî coğrafya ise, yerleşme yerlerinin kuruluş ve gelişmesi ile demografik, iktisâdî ve sosyal yönlerini inceler.

G. Paleografya

Bir toplumun dilini bilmek, tarihî araştırma için yeterli değildir. Dille birlikte kullanılan yazının da bilinmesi lâzımdır. Mısır tarihi için hiyeroglifleri, Mezopotamya için çivi yazısını, Ortaasya Türk tarihi ile uğraşacaklar için Orhun, Uygur ve Çin alfabeleriyle yazılmış yazıları, Osmanlı, Arab ve İran araştırmaları için Arab alfabesi, Slav milletleri tarihleri için cyril alfabesi ve Avrupa milletlerinin tarihini araştırmak için de Lâtin alfabesini bilmek gerekir. Ancak çok kere mesele bununla da çözümlenemez. Bu yazıların özel bir takım çeşidleri vardır. Almanya'da hâlâ örneklerine rastlanan gotik yazısı bunlardandır. Arab yazısında ise nesih, sülüs, dîvânî, rık'a, ta'lik, siyakat gibi pek çeşidli türler mevcuddur. Bunların her birinin kullanılış yerleri de farklıdır. Gerekli yazıların okunması öğrenilmeden hiçbir zaman ciddî bir tarihî araştırma yapılması mümkün değildir. Yazıların tanınması ve husûsiyetleriyle ilgili ilim dalı ise *paleografya*dır.

H. Diplomatik

Toplumun dili bilinip kullandığı yazı okunsa dahi, belgelerin ifade ettikleri mânâ bilinmeden değerlendirilmeleri mümkün değildir. İşte, belgelerin cins ve şekil olarak değerlendirilmelerini yapan ilim dalı *diplomatik*dir.

Belge çeşidleri, çıktığı, vardığı yere veya yazılma gayesine göre pek değişik isimler alırlar.

Hükümdar tarafından gönderilen emirler için *ferman, emir, hüküm;* bir şeyin kullanılma hakkı, bir vazifenin tevcihi gibi vesilelerle verilenlere *berat;* sadrazam, beylerbeyi gibi üst kademe görevlilerinin emirlerine *buyuruldu;* hükümdarın diğer bir devletin tebaasına veya kendi tebaasından bir gruba bahş ettiği hakları göstermek için verilene *ahidnâme;* iki devlet arasında karşılıklı tekeffülü ihtiva eden belgeye *muâhede*, vs. gibi adlar verilir. Bu belge türlerinin her birinin özelliği vardır ve bu özellikler bilinince bazan metnin tamamının okunmasına gerek bile kalmadan hangi grup içine gireceği tesbit edilebilir.

Tarihsiz belgelerin tarihlendirilmesi, sahte belgelerin hakikilerinden ayırd edilebilmesi gibi konular hep diplomatik ilminin kapsamı içine girer.

İ. Epigrafi

Müstakil kitâbeler olsun, bir yapı üzerine monte edilmiş bulunanlar olsun, ihtiva ettikleri bilgilerin doğruluğu dolayısiyle tarihcinin vaz geçemeyeceği kaynaklardır. Ancak bunların okunması ayrı bir ihtisas işidir. Küçük bir satha çok şey sığdırmak gayesiyle yazılan *istifli yazılar* aynı zamanda birer san'at eseridir.

İşte kitâbelerin okunmasıyla uğraşan ilme *epigrafi* ismi verilir. Küçük kitâbelere *epigram*, büyüklere ise *epigraf* denilir.

J. Nümizmatik (Meskûkât)

Nümizmatik, paraların tanınması ile uğraşan bir ilim dalıdır. Para ise gerek siyâsî, gerekse iktisâdî tarihin bazı noktalarının açıklığa kavuşturulması açısından tarihcinin faydalandığı bir kaynaktır.

K. Mühürler (Sicillografi) ve Armalar (Heraldique)

Mühürler ve armalar da bazı meselelerin aydınlatılmasında tarihciye yardımcı olmalarından dolayı, tarihin yardımcı ilimlerinden sayılır.

L. Şecereler (Ensab Cedveli, Geneoloji)

Şecereler, tarihci için lüzumlu ve faydalı cedveller olmakla birlikte, kendisine asil bir soy hazırlama merakında olan, böylece, toplum içindeki yerini sağlamlaştıracağını umanlarca uydurma şecereler de tanzim edilmiştir. Günümüzde hâlâ bu merakın devam ettiği, sahaflarda satılan bir fotoğrafı alıp çerçeveleterek büyükbabası veya büyük amcası olduğunu iddia ederek salonlarının baş köşesine asan, yahut da yine sahaflardan, muhteviyatını dahi bilmediği bir ferman veya beratı alıp âile yâdigârı olarak gösterenlere rastlanmaktadır. Bu hususlar göz önünde bulundurularak, her rastlanan şecereyi doğru kabul etmek hatalı olur.

M. Takvimler (Kronoloji)

Bir olayın geçtiği zaman çok önemlidir. Zamanı tesbit edilemeyen bir olayın diğer pek çok şartları da bilinemeyeceğinden doğru olarak değerlendirilmesi mümkün değildir.

Zamanın tayini için, çok eski devirlerden îtibâren çeşidli takvimler yapılıp kullanılmıştır. Eski Mısır, Babil, Hint, Çin ve Sâsânîlerin takvimleri olduğu bilinir. Büyük İskender'in fetihlerini müteâkıb yapılan *Selefkos takvimi,* Türklerin oniki senelik *hayvan takvimi* de daha sonra kullanılan takvimlerdendir.

Avrupa'da eski çağlarda, Julius Caesar'ın M.Ö. 45 yılında *Julien takvimi*ni yapmasına kadar farklı takvimler kullanılmıştır. Julien takvimi ise, 1582'ye kadar ilk şekliyle kullanılmışken, geri kaldığı göz önüne alınarak dört yılda bir, senenin 365 gün yerine 366 gün sayılmasıyla, farkın kapatılması yoluna gidilmiş ve 5 Ekime rastlaması gereken gün de 15 Ekim kabul edilerek geri kalış telâfi olunmaya çalışılmıştır.

Müslümanlar, İslâmiyetin ortaya çıkışından 17 yıl sonra, Hz. Ömer zamanında, Hz. Muhammed'in Mekke'den Medine'ye göç tarihi olan M. 622 yılının 1 Muharremini başlangıç olarak alan *Hicrî takvimi* kullanmaya başlamışlardır. Ancak bu takvim, ayın dönüşü esasına dayandığından, güneş yılı gibi 365 gün değil, 354 gün 21 saat kadardı. Bu sebeble de her yıl bir öncekinden 10 gün 8 saat kısa oluyordu. Buna rağmen Osmanlılar da bu takvimi kullanmayı tercih ettiler. Ancak XVII. yüzyılın son çeyreğinde mart ayını yılbaşı kabul eden bir mâlî takvim kullanmağa başladılar. Bu takvimdeki ay isimleri ise Selefkos takviminden alınmıştı.

Tanzimattan sonra, 1256 (1840) hicrî yılını, aynı zamanda mâlî yıl kabul eden bir takvimi kullanmağa başladılar ki, iki takvim arasındaki 10 günlük fark dolayısiyle, gitgide iki tarihin arası açıldı. Meselâ *Rumî* 1 Mart 1341 tarihi *Hicrî* takvimle 5 Cemâzıyelâhır 1343'e denk geldi.

1 Ocak 1926'dan îtibâren benimsenen *Milâdî takvim* ile ise, Türkiye de diğer devletlerle aynı takvimi kullanmağa başladı.

İşte dünyanın çeşidli yerlerinde ve değişik zaman dilimleri içinde kullanılan takvimlerin farklı oluşu dolayısiyle, aynı olaylar için değişik kaynaklarda başka

başka şekillerdeki takvimlendirmeleri tek bir tarihe, bugün kullanılan mîlâdî takvime irca edebilmek için, tarihcinin, bunların birbirlerine geçişlerini iyi bilmesi lâzımdır. Onun için de bu dal, tarihin yardımcılarından addedilir.

N. Yer Adları (Onomastik)

Tarihci için yer adlarının, sadece muayyen mevkileri ifade eden birer ad olmaktan ötede, çok büyük ehemmiyeti vardır.

Yeni bir köy veya kasabanın kuruluşunda, oraya yeni bir ad aramaya hacet kalmaksızın, yerleşen topluluğun adı verilir. Nitekim, Anadolu bunun mükemmel örnekleriyle doludur. Bu isimler bize, aynı adı taşıyan boy, aşiret, cemaat gibi grupların nasıl bir yayılma gösterdiklerini de anlatır. Doğu veya güney-doğu Anadolu'daki bir köy adının Rumeli topraklarında da olması, bu dağılıp yayılmanın güzel bir örneğidir.

Yeni doğan çocuğa, babası veya ölen kardeşinin isminin verilmesi gibi, iskân yerinin değişmesiyle yeni yurd edinilen yerde eski isimlerin tekrarlandığı da tesbit olunan hususlardandır.

Bu isim vermeler sadece şehir veya kasabaya topluluğun adını verme değil, köy ve kasabadan şehire gelişte, gelinen yerin adının mahalle veya semte verilmesi şeklinde de kendini göstermiştir. Meselâ, İstanbul'daki Aksaray, Maçka, Karaman gibi semtlerle sur dışındaki Yeni Bosna, buna örnek olarak gösterilebilir.

Bir başka isim verme şeklini de Osmanlı Devleti'nin toprak kaybına uğramasıyla gelen göçmenlerin yerleştirilmesinde görüyoruz. Sultan II. Abdülhamid devrinde göçmenlerin yerleştirilmesi için kurulan köylerin birçoğuna «Hamidiye» ismi verilmiştir.

İşte bu yerleşme yerleri ile uğraşan ilim dalına *toponimi;* deniz, nehir, göl gibi su adlarıyla uğraşana *hidronimi;* şahıs adlarıyla uğraşana ise *antroponimi* adı verilir.

Tarihin yardım aldığı disiplinler, bunlardan ibâret de değildir. Askerî tarihin lâyıkıyle yazılabilmesi için *strateji* ve *taktik,* madenciliğin tarihi için *jeoloji* bilmeye ihtiyac vardır. İktisat Tarihi araştırmalarında çok kere *istatistik*in yardımına baş vurulur. Elektronik çağı olan günümüzde her sahada olduğu gibi tarih araştırmalarında da *bilgisayar* geniş bir kullanım alanı bulmuştur. Tarihci, kendi sahasını aşan hususlarda bu konuların uzmanlarına danışmak, onlardan yardım istemek zorundadır.

İkinci Bölüm

TARİHİN KAYNAKLARI

Kaynak, tarihî bilgi veren malzemedir. İnsanın söylediği veya yazdığı, yahud îmâl ettiği herşey onun hakkında bilgi verebilir. Ancak, her bilgi veren malzeme kaynak olma özelliğine de sahib değildir. Bu malzemenin kaynak addedilebilmesi için,

a) devrinde vücûde getirilmiş olması;

b) devrine yakın bir zamanda ve devrinin kaynaklarından faydalanılarak meydana getirilmiş olması gerekir.

Birinci gruba girenlere *ana kaynak* adı verilir ve tarih araştırmalarında son derece mühim ve kıymetlidirler. Bir olaya fiilen iştirak etmiş veya çok yakından takib etmiş bir kimsenin kaleme aldığı eser veya bir zafer sonunda onun hatırasını yaşatmak için dikilen bir kitâbe yahud âbide, bu cins kaynaklardandır. Devletin resmî evrakı da, hiç şüphesiz, bu gruba girer.

İkinci grup kaynaklar, birincilerin bulunmadığı hallerde önem kazanırlar. Bunlar, ana kaynaktan faydalanılarak meydana getirildikleri takdirde *birinci elden kaynak* addedilirler.

Ana kaynakla birlikte birinci elden kaynağın da bulunmaması halinde, birinci elden kaynaktan faydalanılarak meydana getirilen *ikinci elden kaynaklar* önem kazanır.

Osmanlı vak'anüvis tarihlerinin bir kısmı, seleflerinin eserlerini de kullandıklarından, bu kaynak eserlerin günümüze ulaşması halinde, o tarihler arasındaki vekayi bakımından, birinci derecede kaynak olma özelliklerini kaybetmektedirler. Meselâ, *Naima Tarihi, Hasan Beyzâde Tarihi*'nden nakledilen pasajlarda ehemmiyetini kaybettiği halde, günümüze ulaşamayan Şârihü'l-Menârzâde'nin eserinden derc edilen pasajlarda, birinci elden kaynak gibi mütalaa edilmektedir.

Ancak, ana kaynak varken birinci ve ikinci elden kaynakların ön plâna geçmemesi lâzımdır. Ana kaynak olmadığı takdirde ise birinci elden kaynak ön plâna geçecektir. Olaylara değişik biçimlerde yaklaşılması veya kaynağını tenkid süzgecinden geçirmesi hallerinde ikinci elden kaynaklar dahi ihmal edilemez.

Burada üzerinde önemle durulması gereken bir husus da, kaynakla araştırmanın birbirine karıştırılmamasıdır. Günümüzde pek çeşidli malzemeden faydalanılarak hazırlanmış eserler için hiçbir şekilde «kaynak» tabirinin kullanılmaması icab eder.

I. KAYNAKLARIN TASNİFİ

Modern teknolojinin günlük hayata girmesinden önceki devirler için kaynaklar, 1. sözlü, 2. yazılı, 3. kalıntılar olarak ayrılmışken, yakın geçmiş üzerinde inceleme yapacaklar için artık teyp ve video bandları, dokümanter filmler gibi bir takım malzemenin de kaynaklar arasına alınması gerekmektedir. Bunlar, kayıdlı veya görüntülü arşiv malzemelerindendir. Batıda E. Bernheim tarafından yapılan, bizde de Prof. Z.V. Togan ve Prof. İ. Kafesoğlu taraflarından benimsenen tasnife göre, yazılı arşiv belgeleriyle birlikte bunların da kaynaklar içinde üçüncü grup olan *kalıntılar*da yer almaları icab eder.

Halbuki, arşiv belgeleri daima ana kaynak durumundadır. Nitekim, bunu göz önüne alan G. Monod, ferman, berat, ahidnâme, meclis zabıtları gibi «tarihî eserler» dediği malzemeyi kanunlar, hesab defterleri, mektublar gibi «tarihî olmayan eserler» adını verdiği malzemeden ayırmış ve birinciyi âbidelerle birleştirerek «muharrer veya mahkûk eserler» adıyla ayrı bir grup meydana getirmiştir. Kaynak malzemesinin, toplandığı yere göre tasnifi de mümkündür ki burada, sözlü kaynaklar dışındakiler arşiv, kütübhane ve müze malzemesi olarak bir tasnife tabi tutulmuştur.

Gerçekten, «insana bağlı bulunan, insana hizmet eden, insanı anlatan, mevcudiyetini, faaliyetini, zevklerini ve oluş biçimini ifade eden herşey» tarihin yazılmasında kullanılır. Meselâ, uçaktan görülen bir manzara, yerde iken tesbit edilemeyen bazı hususların açıklığa kavuşmasını sağlar. Kuzey Afrika'daki Roma sınır tahkimatı (limes) böyle keşf edildiği gibi, Ege bölgesi'nde bugün çeltik zıraati yapılmayan yerlerdeki 60x60 eb'adındaki tarlaların havadan tesbiti, XVI. yüzyıl *Tahrir Defterler*indeki çeltik ekimine dair kayıdları doğrulamaktadır.

A. Sözlü Kaynaklar

Sözlü kaynaklar, menşe'i belli olan veya olmayan, fakat, ağızdan ağıza söylenerek gelen tarihî şiirler, hikâyeler, efsâneler, destanlar, menkıbeler, vs. dir ki, bir kısmı daha sonra kaleme de alınmıştır. Fakat hiçbir zaman yazılı kaynak olarak vücûda getirilmiş malzeme ölçüsünde güvenilir olamazlar. Bunlar, ancak yazılı kaynakların bulunmadığı durumlarda veya onlara yardımcı olarak ve ihtiyatla kullanılma durumundadırlar.

1. Tarihî Şiirler

Halk arasında en yaygın şekillerden biri olup halk şâirleri tarafından, bir hatıranın yaşatılması için, destânî mâhiyette olmamak üzere meydana getirilip ağızdan ağıza yayılan şiirlerdir. Bunların örneklerine, Asya'da Türk, Moğol ve Arablar arasında, Avrupa'da ise Germenlerde rastlanmaktadır.

2. Hikâyeler

Burada kasd edilen hikâyeler, tabiî, içinde tarihî bilgi olanlardır. Bunlar da,

a. Mahallî olanlar,

b. Milletler arası münâsebetler neticesinde bir memleketten diğerine, bir kıt'adan öbür kıt'aya geçerek ufak tefek farklarla dünyanın birçok yerinde tekrarlananlar olarak sınıflandırılabilir.

Birincilerde tarihî gerçek payı bulunabilirse de ikinciler, şahıs ve yer adlarının değişmesi suretiyle değişik memleketlerde tekrar edildiklerinden güvenilir değildirler ve bu sebeble de kaynaklar içine sokulmamalıdırlar.

3. Efsâneler

Bunlar da tarihî kaynak gibi görünmekle beraber gerçek değillerdir. Hikâyelerde olduğu gibi efsâneler de

a. Millî,

b. Milletler arası olmak üzere ayrılırlar. Birinci grupa girenler, milletlerin karakterlerini aksettirmesi bakımından mühimse de ikinci gruptakiler için böyle bir özellik de söz konusu değildir.

4. Mytoslar (Mitler)

Çok tanrılı devirlere âid olan mitoslar da bir nevi efsânedirler. Doğup geliştikleri bölgelerin düşünce tarz ve temâyüllerini ortaya koyarlar, fakat gerçekle bir ilgileri yoktur.

5. Destanlar

Nazım türünde olan destanlarda olağanüstü olaylar, tabiatüstü varlıklar yaratılarak mubalağaya kaçılsa bile esas konu, tarihî hakikatlere dayanır ve bu bakımdan tarihî kaynak olarak kullanılabilirler. Nitekim, esas yazılı kaynaklardaki boşlukların doldurulması için destanların kullanıldığı eserler de mevcuddur.

Destanların bize intikal eden şekilleri ise, daha sonraki devirlerde kaleme alınmış olanlarıdır.

6. Menkıbeler

Gerek Doğu, gerekse Batı'da azizler, evliyalar ve şeyhler hakkında söylenenlere *menkıbe* denilmektedir. Bunlardan bazıları, bu şahısların yaptıkları işler, gösterdikleri kerametlerle ilgili olduğu gibi bazıları da mezarlarının yerlerini konu etmektedir. Meselâ, Hacı Bektaş-ı Veli menkıbesi veya Hz. Hâlid'in mezarının yerinin Akşemseddin tarafından bulunuşu gibi.

Menkıbeler de zamanla yazılı hale gelmiş ve *Menâkıbnâmeler* adı altında tarihî kaynak olarak önemleri artmıştır. Menâkıbnâmelerde, onlara konu olan şahsiyetlerin özelliklerinden başka devrinin düşünce tarzını tesbit etmek de mümkün olabilmektedir.

7. Fıkralar ve Atasözleri

a. Tarihî şahsiyetlere atfedilen bazı fıkra ve anekdotlarla

b. Tarihî şahsiyete mal edilsin veya edilmesin atasözleri de o toplumun düşünüş tarzını aksettirmeleri bakımından tarihci için mühimdirler.

B. Yazılı, Çizili, Sesli ve Görüntülü Kaynaklar

1. Arşiv Malzemesi

Günümüzde arşiv malzemesi denilince sadece yazılı olanlar değil, ses, resim, fotoğraf, çizim ve görüntü gibi malzeme de düşünülmektedir. Bu bakımdan, yazılı olanlarla diğerlerinin ayrılması gerekir.

a. *Yazılı Arşiv Malzemesi*

Bunlar da birkaç grupta incelenebilir.

aa. Ferman, berat, emir, hüküm, ahidnâme ve muâhedenâmeler gibi hükümdarın imza, mühür veya işaretini (damga, tuğra) taşıyan belgelerle bunların resmî kopyaları; dîvân ve meclislerin müzâkere ve/veya kararlarını ihtiva eden belgeler.

ab. Kanunnâme, nizamnâme, adâletnâme gibi zamanında hukukî bir vazife gören belgelerle adliye zabıt ve kararlarını ihtiva eden dosya ve siciller.

ac. Özel akidlerin tescil edildiği noterlik belgeleri ile özel mektublar.

Tarihî kaynak olarak bunların herbirinin kullanılış yeri farklı olmakla beraber, ana kaynak olarak güvenilirlikleri münakaşa edilemez. Fakat, bu tip belgelerde dahi zaman zaman tarihciyi yanıltabilecek bazı hususlar bulunabilir. Meselâ, iki ayrı devletle hemen aynı şartları hâvî iki muâhedenin görüşmeleri bir arada yürütülmesine rağmen biri imzalandığı halde diğeri, aradaki bazı ihtilâfların halli için bir süre gecikebilir. Buna rağmen, ikisi arasında parelellik arzu edildiğinden, ikinciye de, esas akd tarihi değil, diğer devletle yapılanın tarihi atılabilir. Nitekim, XIX. yüzyılın ikinci yarısında dahi bunun bir örneğini görmek mümkündür. Kanlıca Ticaret muâhedelerinden sadece Fransa ile yapılanın tarihi 29 Nisan 1861 olduğu, İngiltere ile imzalanması mayıs ortalarını bulduğu halde her iki devletle yapılan da 29 Nisan tarihini taşımaktadır.

Özel mektublarda ise, şahsın hisleri de işe karışacağından, diğerlerine nazaran ihtiyatla kullanılmaları gerekir.

b. *Çizili Arşiv Malzemesi*

Devrinde yapılmış plân ve haritalar bu grup içinde yer alır.

ba. Bir şehrin, bir yapının, bir âlet vs.nin plânları, daima konuya ışık tutacak mâhiyettedir. Şehirlerin gelişmesi, yangın gibi âfetler dolayısiyle meydana gelen plân değişiklikleri, tarihî seyir içinde mahalle ve sokak adlarında vuku‘ bulan değişiklerin bu plânlardan takibi mümkündür.

İyi çizilmiş bir ev plânı, devrinin yapı özellikleri ile birlikte o bölgede veya o şehirdeki insanların yaşama biçimleri hakkında da çok kıymetli ip uçları verebilecek niteliktedir. Yine bir fabrika, bir rıhtım veya bir iskelenin plânı da devrinin ihtiyacları ile birlikte teknik husûsiyetlerini de aksettirecektir.

bb. Özellikle tarihî coğrafya araştırmalarında devrinde yapılmış haritalar pek mühim kaynaklardır. Dolan bir körfez, mecrası değişen bir nehir, yok olan veya yeri yahud da ismi değişen bir köyün ancak bunların yardımıyla aslî şekilleri görülebilir.

c. *Görüntülü ,Arşiv Malzemesi*

ca. *Resim ve fotoğraflar*

Bunlardan resimler, ister karakalem, ister sulu boya veya yağlı boya olsun yazılı kaynaklarda bulunmayan pek çok özelliği aksettirebilirler. Bir savaş veya talime âid resmin askerî önemi yanında kıyafetler ve kullanılan silâhları göstermesi bakımından kültür tarihi açısından da ehemmiyeti büyüktür. Bu konuda Osmanlı minyatürlerinin kıymetleri de diğerlerinden aşağı kalmamakla birlikte kütübhane malzemesi olan eserlerin içinde bulunduklarından, onlardan ayrılmaktadırlar.

Resme nazaran daha yakın tarihlerden îtibâren faydalanılabilen malzeme arasında olmakla birlikte fotoğraflar, hem çizim, hem de resimlerin vazifelerini görebilmektedirler.

cb. *Dokümanter filmler ve video bandlar*

Sinema ve televizyon-video, toplum hayatına girişlerinden sonra, sadece eğlendirici değil, eğitici-öğretici de olmuşlar; aktüel konularda da film ve kasedler büyük hizmetler görmeye başlamışlar; böylece, bunları ihtiva eden arşivler oluşturulmuştur. Meselâ II. Dünya Savaşı için yazılı malzemenin yanında olayların cereyanı sırasında çekilen filmlerin büyük kıymeti vardır. Aynı şey gelecekte, günümüz video bandları için söylenecektir.

d. *Sesli Arşiv Malzemesi*

Günümüzde, diğerleri kadar olmasa bile sesli arşiv malzemesi de kaynak olarak değer kazanmıştır. Bunlar da taş plâklardan başlayarak ses kasedlerine kadar gelmiştir. Ancak, bandlarda ekleme ve çıkarma, yani montaj imkânlarının bulunması, onları % 100 güvenilir bir kaynak olma imkânından mahrum bırakmaktadır. Maamafih, yine de bunlardan müstağni olmak mümkün değildir.

2. Kütübhane Malzemesi

Devrinde kaleme alınan kaynak eserler, kütübhane malzemesi içinde yer alır ve birkaç grupta incelenebilir.

a. *Şecereler (Geneoloji)*

Batı'da Yunan ve Roma devirlerinden îtibâren şecereler tutulduğu gibi Türkler ve Arablarda da *ensab cedvelleri* dediğimiz cedveller mevcuddur. Hükümdar veya ulema âileleri şecereleri olduğu gibi, muayyen bir mevkii işgal edenlerin de sırayla listelerini ihtiva eden cedveller bulunmaktadır.

b. *Takvimler ve Yıllıklar*

ba. *Takvimler,* olayların kronolojik olarak günü gününe tutulduğu cedvellerdir. Hristiyanlar, bu işi kilise ve manastırlarda yapmışlardır. İslâmda da aynı usûlün kullanıldığı malûmdur. Timur ve Selçuklular zamanlarında takvimler tutulduğu gibi, Osmanlılar da bu usûlü devam ettirmişlerdir. Bu takvimlerden kuruluş devrine âid bazıları Nihal Atsız[1] ve Prof. Dr. Osman Turan[2] taraflarından neşr edilmişlerdir.

bb. *Yıllıklar*ın tutulması ise Asurlular devrine kadar uzanmaktadır. Bunlarda da olaylar kronolojik olarak kaydedilmişlerdir. Orta Asya Türk tarihi için Çin, Doğu Avrupa Türk kavimleri için Rus yıllıkları mühimdir. Orta Avrupa'da Leh ve Macarlar taraflarından tutulan yıllıkların mevcudiyeti de bilinmektedir.

c. *Vekayinâmeler*

Batı dillerinde *kronik* adıyla anılan vekayinâme türü eserlerin ilki Kayseri piskoposu Eusebios tarafından kaleme alınmış olup 323 yılına kadar olan olayları ihtivâ eder. Bu tarihten îtibâren örnekleri görülen tarza İslâm tarihcileri arasında da rağbet olunmuştur.

Osmanlılar da bu an'aneyi sürdürmüşlerdir. Vekayiin zabtı için XVIII. yüzyılda Dîvân-ı Humâyûna bağlı bir vak'anüvis[3] (veya daha doğru tabiri ile vekayînüvis) kalemi kurulmuş ve Naimâ Mustafa Efendi, ilk defa *vak'anüvis* sıfatıyla bu vazifeye tayin edilmiştir. Her ne kadar XVIII. yüzyıldan önce de Sarayca, *şehnâmeci* adıyla Osmanlı Devleti tarihini yazmak için vazifelendirilenler olmuşsa da statü bakımından bu iki vazife arasında fark bulunduğu muhakkaktır.

Vak'anüvisliğin, devletin resmî bir müessesesi olarak ortaya çıktığı düşünüldükte, sadece Naimâ Mustafa Efendi'den îtibâren resmen vazifelendirilenlere vak'anüvis/vekayînüvis; yazdıkları eserlere ise *vak'anüvis tarihi* denilebileceği, daha önce veya daha sonra özel olarak kaleme alınan kroniklere bu adın verilemeyeceği kendiliğinden ortaya çıkar.

d. *Biyografiler ve Otobiyografiler*

da. Tarihe mal olmuş şahsiyetlerin hayatlarının hikâyesi *(biyografi),* eski

---

1 *Osmanlı Tarihine Ait Takvimler, I, 824, 835 ve 843 Tarihli Takvimler,* İstanbul 1961; «Fatih Sultan Mehmed'e Sunulmuş Tarihî Bir Takvim» *İstanbul Enstitüsü Dergisi,* III (1957), 17-23; «Hicrî 858 Yılına Ait Takvim» *Selçuklu Araştırmaları Dergisi,* IV, Ankara 1975, s. 223-283.

2 *İstanbul'un Fethinden Önce Yazılmış Tarihî Takvimler,* Ankara 1954.

3 Bu kelime zaman zaman «vak'anüvist» şeklinde kullanılıyorsa da doğrusu «*vak'anüvis*»dir.

Yunan ve Roma'da da örnekleri görülen *tercüme-i hâl* kitablarında bulunur. İslâm devletlerinde de bu tarza önem verilmiş ve çeşidli müellifler tarafından biyografik eserler vücûde getirilmiştir. Yâkut-ı Hemevî, İbn Hallikan bunlardan sadece ikisidir. Osmanlılarda da sadrazamlar, şeyhülislâmlar, ulemâ, kapdan paşalar, reisülküttablar, hattatlar gibi çeşidli meslek gruplarında isim yapmış şahsiyetler için ayrı ayrı biyografi kitabları yazılmıştır. Şuarâ tezkirelerinde ise her türlü meslek erbabından olan şâirlere yer verilmiştir. Müstakil tercüme-i hâl kitabları dışında vekayînâmelerde de her yıla âid vekayî sonunda o yıl içinde ölen şahısların biyografilerini ihtivâ eden *vefeyat* kısımları bulunmaktadır.

db. Şahsın hayat hikâyesinin kendisi tarafından kaleme alınmasına *otobiyografi* denilir. Az sayıdaki müstakil otobiyografiler yanında, bazı yazarların eserlerinde ayrı bahisler açarak biyografilerini verdikleri de görülmektedir. Meselâ Taşköprülüzâde *Şakayıku'n-Numâniyye*'si sonunda; Kâtib Çelebi, *Sullemu'l-vusûl* ve *Mîzânü'l-hakk*'ında; Cevdet Paşa, *Tezâkir*'inin 40. tezkiresinde hayat hikâyelerini vermişlerdir. Zaman zaman, bir münâsebetini düşürerek kendilerinden veya meslek hayatlarından bahseden yazarlara da rastlanır. Bu bilgilerin bir araya getirilmesiyle ise o şahsın biyografisi ortaya çıkarılır. Ancak bu kayıdlar, meselâ Lütfi Paşa ve Âlî'de görüldüğü gibi hissî ve tarafgirâne de olabilir. Onun içindir ki otobiyografilerin, kullanılırken mutlak surette tenkid süzgecinden geçirilmesi gereklidir.

Yine bunun gibi, devlet kademelerindeki bir şahsa takdim edilen eserdeki, o şahısla ilgili övgü, görüş ve düşünceler de ihtiyatla kullanılmalıdır.

e. *Hâtıralar*

Devrinin olaylarına ışık tutması bakımından hatıra nev'inden eserlerin kıymeti vardır. Eski çağlarda Julius Caesar'ın hatıraları meşhurdur. Bizans İmparatoru Kantakuzenos, Timur ve Bâbür de hatırat bırakanlardandırlar.

XIX. yüzyıldan îtibâren hatırata verilen önem artmış, Sultan II. Abdülhamid, Midhat, Said ve Kâmil Paşalar ile İttihad ve Terakki'nin 1. nr.lı üyesi İbrahim Temo da dahil birçok mühim şahsiyet hatıralarını yazmışlardır. Cumhuriyet devrinde *Nutuk,* Atatürk'ün hatıraları kabul edildiği gibi, onun mesâî arkadaşları İ. İnönü ve C. Bayar da hatıralarını yazmış veya kaydettirmişlerdir.

Hatıraların da tam bir objektiflik içinde yazılması mümkün olmayıp daima hisler ve şahsî görüşler ön plânda tutularak kaleme alınacaklarından, diğer eserlerle karşılaştırılmadan, yani tenkidi yapılmadan kullanılmamalıdır.

f. *Seyahatnâmeler*

Seyahat intibaları diyebileceğimiz bu eserler, çok kere yabancı bir ülkeyi tasvir ettiklerinden, seyyahlar, orada, kendilerince enteresan gördüklerini yazmışlardır. Bazan o milletten birinin göremeyeceği veya yazamayacağı birşeyi bulup çıkarmışlar, bazan da eseri câzip kılmak için mubalağaya kaçmışlardır. Hatta seyahatnâmelerin bir kısmında, diğer eserler veya önceki seyyahlardan alınan pasajlar, seyyahın kendi intibaı veya görüşü gibi aktarılmıştır. Bu bakımdan seyahatnâmeler kullanılırken de dikkatli olunmalı, doğru ile yanlış veya mubalağanın ayırd edilmesine çalışılmalıdır.

Seyahatnâme türünün ilk örneklerinden X. yüzyılda İdil havzasına seyahat eden İbn Fadlan ile XIII. yüzyılda Asya'da seyahat eden Marco Polo, XIV. yüzyılda Anadolu'yu dolaşıp çok kıymetli bilgiler veren İbn Battuta sayılabilir. Batılı seyyahlar için Yakın Doğu hayli câzip gelmiş, XVII. yüzyıldan sonra bu bölgeyi ziyaret eden seyyah sayısı da artmıştır. Diğer milletlere mensub olanlar yanında İngiliz seyyahlarının sayısı ise hayli kabarıktır.

Seyahatnâmelerden bahsederken XVII. yüzyıl Türk seyyahı Evliya Çelebi'yi de unutmamak lâzımdır. Zaman zaman mubalâğaya kaçan ifadesine rağmen bu seyahatnâme, asla vaz geçemeyeceğimiz bir kaynaktır.

g. *Süreli Yayınlar*

Bunlar gazete ve dergilerden meydana gelir. İlk duvar gazetesi diyebileceğimiz yazı ile haber vermeye Roma'da Julius Caesar zamanında *Acta Diurna* ile başlanmıştır. Matbaanın icadından sonra ise ilk olarak Strasburg'da (1609) Almanca olarak yayınlanan gazeteyi Anvers (1619), Londra (1622), Paris (1631), Roma (1640) ve diğer ülkelerdekiler takib etmiştir.

Osmanlı Devleti hududları içinde Türkçeden önce Fransızca gazeteler yayınlanmıştır. 1828'de Mısır'da çıkan *Vak'a-i Mısriyye,* Türkçe-Arabcadır. Devletin ilk resmî gazetesi *Takvîm-i Vekayî,* 1831'de yayın hayatına girmiştir. Resmî olmayan ilk Türkçe gazete ise bir İngiliz tarafından 1840'da yayınlanmasına başlanan *Cerîde-i Havâdis*'dir. Bunu diğer gazetelerle dergiler takib etmiştir.

Günümüzde vekayinâme vazifesi bu yayınlar tarafından yürütülüyor denilebilir. Ancak, yorumlarda her zaman tarafsız kalındığı söylenemez. Hatta, aynı haberin iki farklı görüşe sahib gazete tarafından değişik tarzlarda verilmesi de seyrek rastlanan birşey değildir. Ayrıca, gazeteler bazan daha önce tarihi ilân edilmiş bir toplantı, bir buluşmayı, tehir edilmiş olduğunu tahkik etmeden veya oraya muhabir göndermeden, yapılmış gibi gösterebilmektedirler. Yahut programda adı yazılı şahıs toplantıya katılamadığı halde o konuşmayı yapmış gibi yazabilmektedirler. Bu bakımlardan, her gazete, her yazar veya muhabirin ciddiyet derecesi ve fikriyatı bilinmeden, aynı haberi veriş, aynı olayı yorumlayış tarzları mukayese edilmeden, tek bir gazetenin kullanılması, ilmin ciddiyetine gölge düşürebilir.

h. *Diğer Malzeme*

Günümüzde duvar ilânından sinema afişleri ve el ilânlarına kadar her türlü basılı kâğıt kütübhanelerde toplanmakta olup bunların gelecekde siyâsî, sosyal, iktisâdî ve kültür tarihi çalışmalarında kaynak olarak kullanılacağında şüphe yoktur.

C. Müzelik Malzeme

Bunlar, binalar veya açık hava müzelerinde korunan her türlü kalıntı (bakıye)lardır. Tarihî bir hatırayı yaşatmak üzere yapılanlarla böyle bir gaye gütmeksizin yapılanlar olarak iki kısımda incelenebilir.

1. Tarihî Bir Hatırayı Muhafaza veya Nakletmek Üzere Yapılanlar

a. *Bir Hatırayı Yaşatan Kitâbe, Âbide, Heykel ve Zafer Tâkları*

Bir hatırayı yaşatmak üzere dikilen kitâbeler olabileceği gibi câmi, mekteb, medrese, kervansaray, çeşme, sebil, vs. bir yapının bânisi ve yapıldığı tarihi ihtivâ eden manzum yahut mensur kitâbeler de vardır.

Birinciler içinde Mezopotamya ve İran'daki çivi yazılı kitâbeler, Roma ve Bizans kitâbeleri yanında taşa hakkedilmiş vakfiye ve adâletnâmeler de bulunur. Kütahya'da Germiyanoğlu Yakub Bey vakfiyesi, İstanbul'da Âtıf Efendi Kütübhanesinin duvarına hakkedilmiş vakfiyesi ve Bayburd'da Ulu Câmi'in kapısı yanındaki adâletnâme bunlara örnek olarak gösterilebilir.

Bu tip kitâbeler, yazılı kaynak addedilerek, hatırayı yaşatanlar grubuna sokulmaktadır.

Heykel ve zafer tâkları ise, bir şahsı veya bir olayı yahut kazanılan bir zaferin gelecek nesillerde canlı olarak yaşamasını temin etmek için yapılmış olup, üzerinde bir kitâbe bulunduğu takdirde aynı zamanda kitâbeler grubuna girerler. Kitâbesiz olanlarda heykel veya tâkın şekli, üzerindeki kabartma ve resimler de gerek dikiliş sebebi, gerekse san'at yönlerinden çok şey ifade ederler.

b. *Lâhid ve Mezar Taşları*

Mezar taşları, biyografilerin yazılmasında kütübhane ve arşiv malzemesinin boşluklarını doldurabilecek kaynaklardır. Nitekim, *Sicill-i Osmânî* müellifi Mehmed Süreyya Bey, eserini hazırlarken İstanbul'daki hazîreleri dolaşarak mezar kitâbelerinden topladığı notları, geniş ölçüde kullanmıştır.

Mezar taşı kitâbeleri sadece biyografi yazımında değil, yerleşme yerlerinin tarihlendirilmesinde de büyük iş görür. Mezar taşlarının üzerlerindeki ölüm tarihleri XVII. veya XVIII. yüzyıla kadar inen bir köyün, XIX. yüzyılda kurulduğu elbette iddia edilemez. Şu halde mezar taşları, yerleşme yerlerinin tarihlendirilmesinde kullanılabilecek kaynaklardır.

c. *Hudud ve Kilometre Taşları*

Bunlar da sınır ve yol güzergâhlarının tayininde yardımcı olurlar.

d. *Madalyalar*

Madalyalar, tarihî bir olayı yaşatmak, bu olayda başarı gösterenleri mükâfatlandırmak gayesiyle hazırlanmış olduğundan, kaynak vazifesi görürler.

2. Bir Hatırayı Muhafaza ve İntikal Düşüncesi Olmayanlar

a. *İnsan Vücudu Bakıyeleri*

İnsan iskeletleri üzerinde yapılan tetkikler, bir bölgede hangi devirlerde hangi ırklara mensub insanların yaşadığını göstermek bakımından mühimdir ve bu husus, antropologlar kadar tarihçileri de meşgul etmektedir.

b. *Örf ve Âdetlere Âid Maddî Kalıntılar*

Bu cins kalıntılar içinde her türlü ev eşyaları, giyecekler ve çeşidli maksadlarla kullanılan âletler sayılabilir. Arkeolojik kazılarda bulunan kalıntılar sayesinde, hakkında araştırma yapılan toplumun kültürünün açıklığa kavuşturulması mümkün olur.

c. *Dil*

Bir dilde nesilden nesile intikal eden deyim ve terimler, şive farklılıkları da kalıntılar içinde yer alır.

d. *Paralar*

Üstünde, adına para basılan hükümdarın ismi ile darb tarihi ve hatta saltanatının kaçıncı yılında basıldığı gibi hususlar bulunduğundan paralar, özellikle bir devletin kuruluş devrine âid çok önemli kaynak vazifesi görürler.

Bilindiği gibi sikke darbı, bir hâkimiyet alâmetidir. Bu bakımdan ilk sikkenin hangi hükümdar zamanında basıldığı önem kazanır. Nitekim, yakın zamanlara kadar ilk Osmanlı sikkesinin Orhan Bey zamanında basıldığı zannedilirken Osman

Bey'in adına basılmış sikkenin bulunmasıyla tarihî bilgilerde değişiklik olmuştur.

Fakat sikkelerin ışık tuttuğu konu, bundan ibâret değildir. Kâğıt paraların kullanılmağa başlanmasından önceki devirlerde altın, gümüş ve bakır sikkeler kullanıldığından, bunların saflık derecesi ile ağırlıkları ve hangi madenden kesildikleri de devrinin iktisâdî durumunu aksettirmesi bakımından önemlidir.

e. *Arma ve Mühürler*

Özellikle ortaçağda derebeylik devrinde kullanılan armalar, hâkimiyet işaretidirler. Bu sebeble de bayrak, para, madenî eşya ve yapılarda bulunduklarından o devir tarihi ile uğraşanlar bakımından ehemmiyeti hâizdirler.

Eski çağlardan îtibâren kullanılagelen mühürler de paralar kadar önemlidir. Tarih ihtivâ etmeyen belgelerin, tarihli olanların mühürleriyle karşılaştırılması suretiyle tarihlendirilmeleri de mümkün olabilmektedir.

II. KAYNAKLARIN TENKİDİ

Kaynakların kullanılmadan önce gerçek veya sahte yahut üzerinde oynanmış olup olmadığının araştırılması lâzımdır. Ancak, sıhhatinden emin olunan malzeme hakikî kaynak değeri taşır. Kaynak olarak görülen, aslında sahte veya bazı maksadlarla değişikliğe uğratılmış bir malzemenin hakikî zannedilip kullanılması, yazılan eserin inanılırlığına ve dolayısiyle de ilme gölge düşürür.

Kaynakların tenkidi, dış ve iç tenkid olmak üzere iki merhalede yapılır. Aslında bunlar, «birbirinden sadece bir mantık esprisi gayretiyle ayrılırlar. Hakikatte böyle bir ayırım sun'î»dir; zira, dış tenkidin yapılması da muhtevanın bilinmesiyle yakından ilgilidir. Hatta, Halkın'a göre, bazan iç tenkid, dış tenkidden önce gelir; bunun için de o, tenkidin, bütün cepheleriyle birden ele alınması gerektiğini ifade eder.

A. Dış Tenkid

1. Eserin Tanıtıcı Unsurlarının Tesbiti

a. *Eserin Adı, Yazarı ve Te'lif Tarihinin Tesbiti*

aa. İlk yapılacak iş, eserin yazarının tesbitidir. Yazarın adı, ya cild içindeki ilk sayfada eserin adı ile birlikte bulunur veya mukaddimede yahut da eserin içinde bir vesileyle geçer. Meselâ, Kanûnî devri vezîriâzamlarından Lütfi Paşa, *Âsafnâme*'sinde, «bu risâlenin müellifi ez'af-ı ibâdullah Lütfi Paşa ibn Abdülmu'în...» diyerek sadece adını vermekle kalmayıp, baba adı yerindeki «Abdülmu'in» ismiyle de devşirmelikten geldiğini anlatmakta; daha sonra da kaleme alma sebebini belirterek «...bu risâleyi te'lif edip ismini *Âsafnâme* kodum» demektedir. Daha pek çok eserde bu tarz kayıdları bulabiliriz. Fakat bazı eserlerde müellif, adını açıkça yazmaz. Sadece memuriyeti hakkında bilgi verir. Eser, belli tarihteki olayları konu ediyorsa, yazarın adının tesbiti oldukça kolaylaşır. İş, o tarihte bahis konusu memuriyette kimin bulunduğunun tesbitine kalır. Tabiî burada da bazan olayın ay, hatta gününün bilinmesi mecburiyeti ortaya çıkabilir. Zira, aynı yıl içinde bir memuriyette birkaç defa değişiklik olabilir. Bazı dairelerde ise aynı vazifeyi ifa eden birden fazla şahıs bulunabilir. Dîvân-ı Humâyûn hocaları, hassa tabibleri gibi. O takdirde, ismin tesbiti hayli güçleşir, hatta bazı hallerde imkânsızlaşır.

Maamafih, tarih ve memuriyetin bilinmesi halinde, biyografik eserlerden, bunlar ihtiyaca kâfi gelmediği takdirde Osmanlı devri için arşivdeki Dîvân-ı Humâyûn ruus kayıdlarından isim tesbiti yoluna gidilebilir.

Kütübhanelerdeki eserlerin yazarı ve adlarının tesbiti, kütübhane katalogların hazırlanması sırasında uzmanlarca incelenerek tesbit edilmiş olduğundan, çok kere bu nevi güçlüklerle karşılaşılmaz. Fakat bazı hallerde, katalog hazırlanması sırasında eser teşhis edilememiş olabileceği gibi, bazan da yanlış isimlendirilmişler bulunabilir. Meselâ, TSMK Kataloğunda Gelibolulu Âlî'nin eseri *Nushatü's-Selâtîn*'in, *Teşrîfatnâme* olarak kayd edildiğini; yine aynı eserin Millet Kütübhanesi Ali Emirî kitabları arasındaki bir nüshasının da *Âsafnâme* şeklinde geçtiğini söylemek bu nevi hatalara karşı araştırıcının çok dikkatli olması icab ettiğini ortaya koysa gerektir.

ab. Bir eserin adı ve yazarının bilinmesi kadar kaleme alındığı tarihin de bilinmesinde zarûret vardır. Bu hem birinci veya ikinci elden bir kaynak oluşunun tesbiti için mühimdir; hem de birden fazla kaleme alınan eserlerde kaçıncı te'lif olduğunun tesbiti bakımından ehemmiyet arz eder. Eserin, hepsi de müellif hattı ile birkaç nüshası, -ki müellif tarafından yazılmış bu nüshalara *müellif nüshası* denir- ve bu nüshalar arasında da farklılık varsa, ikinci ve daha sonraki te'liflerde ilkine nazaran ne gibi değişiklikler yapıldığının tesbiti bakımından, önce te'lif tarihlerinin bilinmesi gerekir. Te'lif tarihi de eserin sonunda *ferağ kaydı* (kolofon) denilen kısımda bulunur.

b. *Eserin Müstensihi ve İstinsah Tarihinin Tesbiti*

Bir eserin, müellif nüshasından başka, çeşidli tarihlerde *istinsah* (kopye) edilmiş nüshaları bulunur. Bu nüshaların ferağ kaydında kitabın te'lif değil, istinsah tarihi ile *müstensih*in (kopye eden) ismi kaydedilmiştir. Böylece, istinsahın, te'lif tarihine yakınlık derecesi anlaşılır. Ancak, en eski kopye, her zaman aslını sadakatle aksettirmez. Ayrıca, bazı eserlerde ferağ kaydı da ihmal olunmuştur.

c. *İsim ve Tarih Bulunmayan Eserlerin Yazılış Tarihinin Tesbiti*

ca. Kimin tarafından yazıldığı bilinen, fakat te'lif tarihi olmayan eserlerin yazıldığı tarihin tesbiti, müellif hakkında yeterli bilgi olup olmamasına bağlıdır. Müellifin biyografisi hakkında yeterli bilgi varsa te'lif tarihi de kendiliğinden ortaya çıkacaktır. Fakat müellifin sadece ismi bilinip yaşadığı devir tesbit edilemiyorsa, şâhidi olduğu olaylardan hareketle tarihlendirmek mümkündür. Meselâ, herhangi bir olayın neticelenmesinden hemen sonra te'life başlandığı ve altı ay içinde bitirildiği veya filânca hükümdarın cülûsunu müteâkıb kaleme alındığı yahud yazarın, pek mâlûm bir şahsın himâyesinde olduğu gibi hususlar zikr edilmişse, te'lif tarihi hakkında bazan kesine yakın tahminler yapmak mümkündür.

cb. Bazı hallerde belli bir şahıs için kullanılan «vezîr-i âzam-ı sâbık Mustafa Paşa», «defterdar-ı esbak Ahmed Paşa», «kapdân-ı deryâ merhum Hayreddin Paşa» gibi ifadeler de bulunabilir. Bu sıfatlar, tarihlendirmede mühim ip uçları olarak kullanılabilir. Zira, «sabık», «esbak» gibi sıfatlar, o şahısların vazifelerinin sona ermiş olduğu; «merhum» ise, artık hayatta bulunmadığını gösterir. Böyle bir durumda eserin en erken (terminus postquem) hangi tarihte te'lif edildiği belirlenmiş olur. Yine aynı tarzda bir tesbitle en geç (terminus antiquem) tarih de bulunabilirse, eserin yazılışını muayyen iki tarih arasındaki devreye indirmek mümkün olur.

cc. Bu nevi kayıdların olmadığı hallerde ise, eserin çok dikkatli bir tetkikten geçirilerek bazı ip uçlarının değerlendirilmesi gerekir. Meselâ, bir sikke ayarlamasından bahs ediliyor olabilir. Bu ayarlama sırasında eğer 100 dirhem gümüşten o tarihe kadar 420 akçe kesilirken artık 450 akçe kesilmeye başlandığı belirtiliyorsa, bu olayın 1565'e rastlaması dolayısiyle tarihlendirme 1565 etrafında yapılacak demektir.

cd. Kâğıdın cinsi, hattın karakteri ve tezhibli başlıklar da eserin tarihlendirilmesinde rol oynayan mühim faktörlerdir.

Kâğıdın cinsi, rengi, içindeki çizgi ve filigranların şekli yaşının tayininde rol oynayan unsurlardandır.

Yazı ise, zaman içinde tekâmül gösterdiğinden müteâkıb iki asrın yazısını birbirinden ayırmak kabildir. Yazıdaki bazı husûsiyetler ise, muayyen tarihlerden îtibâren görülmeye başlamışlardır.

Bunun gibi, yazma eserlerin ilk sayfalarının başına yapılan tezhiblerdeki unsurlar da yapıldıkları devrin özelliklerini aksettirmektedirler.

İşte bütün bu hususların inceden inceye tetkiki de eserlerin yazıldıkları tarihlerin belirlenmesinde rol oynarlar.

d. *Eserin Yazıldığı Yerin Tesbiti*

Eserin yazılış yeri de diğer hususlar kadar mühimdir. Eğer eserde buna dair bilgi yoksa, burada da bazı tahminlerde bulunulabilir. Eserin dil ve şive özellikleri ve hattın karakteri, mütehassıslara çok şeyler söyleyebilir.

Meselâ, Anadolu ve Kırım'da yazılmış eserler dil bakımından ayrı özellikler gösterir.

Yazının karakteri de yazıldığı bölgenin tesbitinde önemli bir rol oynar. Meselâ, nesih gibi en çok kullanılan bir yazı türü bölgeden bölgeye değişik karakterler arz eder. Memlûkî neshi kullanılmış bir eserin Osmanlı dairesinde yazılmış olduğu düşünülemez. Bunun gibi, İran ile Osmanlı ta'liklerinin birbirinden ayrılması da mümkündür.

2. Kaynak Tahlîli

a. *Eserin Orijinalliğinin Tesbiti*

Eserin adı, müellifi, te'lif tarihi gibi hususlar tesbit edildikten sonra kaynak olarak kıymetinin tesbiti lâzımdır. Tamamen orijinal bir eser midir, yoksa başka kaynaklardan faydalanılarak mı kaleme alınmıştır? Birinci elden bir kaynak olduğu takdirde hangi ana kaynakları ne ölçüde faydalanarak kullanmıştır? gibi soruların cevablandırılması gerekir.

Birinci elden bir kaynakta yazar, eğer faydalandığı eserlerin ismini veriyor, hangi pasajları kimden aldığını söylüyorsa -bu eserler bulunabildiği takdirde- sıhhatli bir nakil yapıp yapmadığının tesbiti kolaydır. Fakat yazar, kaynaklarının adlarını vermiyorsa, o zaman ihtivâ ettiği olaylar için ana kaynak olan eserler tesbit edilerek karşılaştırılması yapılır. Tabiî bu pek kolay bir iş değildir; sabır ve sebat ister. Fakat sonunda ne kadar kısmının orijinal, ne kadarının ise aktarma olduğu ortaya çıkar. Ayrıca yazarın, kaynaklarını doğru anlayıp anlamadığı veya kısaltmalara gitmek için bazı mühim unsurları atlayıp atlamadığı yahud ifadeyi, yanlış anlaşılmalara sebebiyet verecek bir hale getirip getirmediği gibi hususlar tesbit edilir. Araştırma sonunda, eserin orijinal olduğu veya hakîkî mânâda bir kaynak değeri bulunup bulunmadığı sonucuna varılır. Gerçekten orijinal bir eserin, o ana kadar bilinenleri değiştirmesi, yeni bilgi ve yorumlara imkân hazırlaması mümkündür.

b. *En İyi Nüshanın Tesbiti*

Eserin tek bir nüshası bulunması, bunun da müellife âid olması halinde bu nüsha emniyetle kullanılacaktır. Müellif nüshası bulunmayıp, bütün nüshaların *müstensah* olması halinde bunların en iyisinin belirlenmesi gerekir.

İstinsah tarihinin, te'lif tarihine yakın olması çok kere nüshaya değer kazandırırsa da her zaman en eski tarihli olan, en doğru nüsha demek değildir. Zira, günümüze ulaşan en eski tarihli nüsha (C), müellif nüshası (A)'ndan kopye edilmiş olmayıp aradaki başka bir nüsha (B) kullanılmış bulunabilir. B nüshasının müstensihi, istinsah sırasında bazı dikkatsizlikler veya bilinçli olarak ilâve ve çıkarmalar yapmışsa, müstensihi çok titiz ve dikkatli dahi olsa bu değişiklikler aynen C nüshasına da geçecek ve B ve C kullanılarak devam eden nüshalar (D, E, F , ...) da aslından uzaklaşmış olacaklardır. Te'lifinden iki veya üç asır sonra aslî nüshayı ele geçirmek bahtiyarlığına erişen müstensihin nüshası (N) ise aslî nüshayı çok daha sâdıkane aksettirebilecek; bütün nüshalar içinde en îtibarlı, en güvenilir nüsha olmak vasfını kazanabilecektir.

Bu tesbit için iki yol vardır.

ba. Eserin muhtelif yerlerinden seçilen kısımların karşılaştırılması. İsimler, tarihler ve tabirlerin, doğruluğundan emin olunan diğer eserlerle mukayese edilerek sonuca varılması.

bb. Eserin bütün nüshaları görüldükten ve sondajlar yapıldıktan sonra birbirine benzeyen nüshaların en iyilerinin seçilerek mukayese edilecek nüsha sayılarının birkaç taneye indirilip bunların karşılaştırılarak farklarının tesbiti ile aslına en yakın bir metin tesis edilip, farklılıkların notlarda gösterilmesi yoluna gidilmesi, ki buna *tenkidli metin* (édition critique) denir ve başlı başına bir iştir. Böyle bir çalışmada eserin kaynak ve tesirlerinin araştırılarak değeri de ortaya konacaktır.

3. Belgelerin Tenkidi (Diplomatik Tenkid)

Tarihcinin faydalandığı malzeme kitablardan ibâret olmayıp, arşiv belgeleri de ana kaynaklar sınıfına girdiğinden kullanılmadan önce bunların da değerlendirilmesinin yapılması icab eder.

a. *Belgenin Hakikî Oluşunun Tesbiti*

Padişah tuğrası taşıyan bir ferman veya bir beratın dahi sıhhatli olup olmadığı tahkike muhtacdır. Tarihçilerin çok iyi bildikleri gibi, zaman zaman görevini kötüye kullanan bazı kimseler çıkmış ve bu tip belgelerin sahtelerini düzenlemişlerdir. Bunlar fark edildiğinde en ağır şekilde cezalandırılmışlardır. Ancak, resmî devlet arşivlerine intikal etmeyen bazı belgeler içinde sahtelerinin bulunması da pek âlâ mümkündür. Nitekim, bunların büyük maddî değerlere sahib olduklarını bilen ve kolay kazanç temin etmek isteyen kimseler bulunması dolayısiyle her memlekette bu tip sahtekârlık olaylarına rastlanabilmektedir. Bu sadece belge değil, resim, heykel, maddî kültür kalıntıları üzerinde de denenmektedir. Onun içindir ki ilk iş, doğruyu sahteden ayırd edebilmek olmalıdır.

b. *Belgenin Tarihi ve Muâmelesinin Tekemmülü*

Doğruluğu şübhe götürmeyen belgeler içinde de tarihsiz, imzasız olanlar pek çoktur. Belgenin doğru olarak kullanılabilmesi için yazıldığı tarih, kimin tarafından kime gönderildiği, hangi bürodan çıktığı, bürokratik muâmelelerin tamamlanarak tatbike konulup konulmadığı gibi hususların tesbiti lâzımdır.

ba. *Belgenin Tarihlendirilmesi*

Bir belgenin tarihlendirilmesinde de kâğıdın cinsi ve eb'adı ile yazının cinsi ve asra göre değişen özellikleri mühim ip uçlarıdır. Osmanlı arşiv belgelerinde bunları açıkca tesbit etmek mümkün olmaktadır. Aynı cins belgeler için kullanılan kâğıdların eb'adları devirden devire değiştiği gibi dîvânî, siyakat gibi yazıların da her asra âid özellikleri vardır. Bir mütehassıs, bunları hemen fark eder. Fakat bu tarz yapılan bir tarihlemede en erken ve en geç tarihler arasındaki zaman dilimi daha uzuncadır.

Bu zaman dilimini kısaltmak ve daha kesin bir tarih verebilmek için belgenin yazılmasına sebeb olan olaya bakılır. Eserler ve mümkünse diğer belgelerle yapılan karşılaştırma ile tesbit yapılmağa çalışılır. Meselâ, aynı konu ile ilgili bir dosyadaki belgeler içinde sadece birkaç tanesi tarihsizse, diğerleri arasındaki mantıkî yerine yerleştirilmek suretiyle tarihlendirilebilir.

Belgelerde bulunan mühürler de tarihlendirmede yardımcı olurlar. Tarihli belgelerde bulunan mühürlerden yapılan koleksiyonlar veya mühürlere kazılmış olan tarihler bu konuda baş vurulacak hususlardır.

Arşivlerde belgelerin, çeşidli bürolara gönderilmiş suretleri olduğunu da unutmamak gerekir. Diğer tasniflerdeki defterler de bu bakımdan yardımcı olurlar.

bb. *Muâmelesi Tekemmül Etmemiş Belgeler*

Belgelerin çeşidli bürokratik muâmelelerinin tamamlanıp tamamlanmadığı, yani, böyle bir fikir veya isteğin tatbik sahasına konup konmadığı da çok mühimdir ve bu da yine belge üzerinden takib edilebilir. İradesi veya buyuruldusu bulunmayan bir telhis, muâmeleye konmamış bir arzuhalin, böyle bir meselenin dile getirilmiş olduğundan ötede mânâsı yoktur. Onun için her bulunan belgenin böyle bir tenkid süzgecinden geçirilmeden kullanılması yanlıştır.

bc. *Belgenin Âid Olduğu Büronun Tesbiti*

Belgelerin hangi bürodan çıktıkları da mühimdir. Bu da açıkca yazılmamış olsa dahi, konulan bir takım işaretlerden anlaşılabilmektedir. Osmanlı belgelerinde *başmuhasebe, ruus, dîvân* gibi çeşidli kalemlerin ayrı ayrı işaretleri olduğu gibi, kâtiblerin imzalarının tanınması da bu konuda yardımcı olmaktadır.

Aslında belge tenkidi başlı başına bir konu olup, daha önce de bahsedildiği gibi, yazı bakımından paleografya, belgenin özellikleri bakımından diplomatiğin ihtisas alanına girer.

B. İç Tenkid

Kaynak tenkidinde ikinci merhale iç tenkiddir ki bu da iki safhada yapılır.

1. Müellifin Tenkidi

Bir eserin içindeki bilgilerin sıhhat derecesi hakkında bir karara varabilmek için yazarının şahsiyeti, fikirleri, inançları gibi konular üzerinde durmak icab eder. Eserin tarafsız bir kalemden çıkıp çıkmadığı bu hususlarla yakından ilgilidir.

Dînî inanç veya siyâsî görüşleri taassub derecesine varan bir müellifin de sadece muayyen bir istikamette düşünmesi dolayısiyle olaylara tarafsız gözle bakmasının pek müşkil olduğu âşikârdır.

Müellifin tarafsız kalamamasını hazırlayan sebeblerden biri de, hâmisi veya eseri takdim ettiği şahsın, anlatılan olaylarla sıkı bağlantısı olmasından kaynaklanır. Böyle bir durumda gerçek görüşü farklı olsa dahi yazar, bunu aksettirme imkânı bulamaz. Böylece de gördüklerini değil, ancak görmesi istenileni yazma durumunda kaldığından eseri, sağlam bir kaynak olma hüviyetini kayb eder.

Bütün bu sayılanlar dışında, müellifin doğru bilgi verebilmesi için belirli bir tahsil ve kültür düzeyine de sahib olması gerekir. Aksi halde olayların ruhuna nüfûz etmesi, gerektiğinde yorum yapabilmesi mümkün olmaz.

Şu halde eserin güvenilirlik derecesinin tayini için önce müellifin hayatı ve şahsiyeti hakkında bilgi sahibi olunması şarttır.

2. Olayların Tenkidi

İç tenkidde ikinci olarak eserin kritiği yapılır. Diğer eserlerle mukayese edilerek verilen bilgilerin doğrulukları tesbit olunmağa çalışılır.

Ayrıca eserin, tamamen müşâhadelere dayanıp dayanmadığı da üzerinde durulması gereken bir hususdur. Bazı yazarlar, şahidi olmadıkları olayları veya hiç gitmedikleri memleketleri bizzat görmüş gibi anlatırlar. Aslında yazdıkları tamamen, kendilerinden önce kaleme alınmış eserlere dayanmaktadır. Bu yalan ve mubalağada bazan o kadar ileri giderler ki, aynı veya birbirine çok yakın tarihlerde, fakat birinden diğerine kısa zamanda ulaşılması imkânsız iki mekândaki olayların şâhidi olduklarını dahi yazmakta tereddüd etmezler. Böylece de kendilerini kolaylıkla ele vermiş olurlar.

3. Eserin Kıymeti Hakkında Hüküm Verilmesi

Kaynak değeri araştırılan eserdeki olaylar, anlatış şekli farklı olmakla birlikte, o devrin tanınan diğer kaynaklarına uyuyorsa, eserde verilen bilgilerin güvenilirliğinden şüphe edilemez. Fakat, diğer eserlerde bulunmayan bazı olaylara yer verilmiş, yahut da bunun tam aksi yapılarak, tamamen ihmal edilmişse, bunun sebeblerinin araştırılmasına ihtiyac duyulur. Bunların, bir şahsı medh veya zemmetmek, yahut olayların seyrini farklı göstermek için özel bir maksadla yapılıp yapılmadığı araştırılır. Ancak, bu nevi fazlalık veya eksikliklerin muhakkak bir ard niyetten kaynaklanması da gerekmez. Bazan diğer kaynaklardaki eksiklik, o bilgiye ulaşamamak veya ehemmiyetsiz görmekten ileri gelebilir. Fakat eğer diğer kaynaklar, müelliflerinin öğrenip eserlerine derc etmemeleri imkânsız olan bazı büyük olayları atlamış görünüyorlarsa ve bunlar sadece kritiği yapılan eserde mevcudsa, doğruluğundan şüphe etmek pek de yersiz olmaz.

İki kaynak arasındaki farklılığa rağmen, her ikisinin de mantıklı ve ihmal edilemez olması da mümkündür. Bu takdirde her iki fikir veya görüşe de yer verilerek münakaşasının yapılması en doğru yoldur.

Üçüncü Bölüm

ESERİN HAZIRLIK SAFHASI

I. KONUNUN TESBİTİ, SINIRLARININ ÇİZİLMESİ

A. Konunun Tesbiti

Bir eserin hazırlanması için zarûrî ilk şart, konunun doğru olarak tesbitidir. Hazırlanacak eserin ilmî veya popüler olmasına göre aranacak özellikler değişir. İlmî bir eserin, orijinal olması, başka bir ifadeyle, ilme bir katkıda bulunması lâzımdır. Bunun için de konu seçimi üzerinde hassasiyetle durmak icab eder. Bu seçimde elbette yazarın o alana ilgi duyması başta gelir. Zîrâ, neticeye varmak için, şevkle yapılan bir araştırma, ısmarlama bir araştırmadan çok daha iyi sonuçlar verir. Maamafih, ilgi duyulan konunun daha önce incelenip incelenmediğinin de tesbiti lâzımdır. Bir konunun, sadece bir defa ve bir kişi tarafından kaleme alınması şartı yoktur. Ancak, bu takdirde konunun ya tamamının veya bir parçasının derinlemesine araştırması yapılır; yahut da yeni bir görüşle ele alınıp değerlendirilir. Başka bir ifadeyle, konuya farklı bir açıdan yaklaşılır. Tabiî bunun için önce bir bibliyografya taraması yapmak lâzımdır. Bütün yönleriyle ele alınıp incelenmiş ve son söz söylenmiş bir konu ile karşı karşıya bulunulması halinde, çalışmaları daha fazla ilerlemeden kesmek en doğru yoldur.

Eğer araştırmanın gayesi ilme katkıda bulunmak olmayıp, bilinenleri toplayan popüler bir eser vücuda getirmek ise, tabiî böyle bir endişeye gerek yoktur, konu ile ilgili bütün yazıların tesbitine devam edilir.

B. Konunun Sınırlandırılması

Konunun tesbiti ile iş bitmez. Sınırlarının da tam olarak çizilmesi gereklidir. Bazı konularda bu sınırlar bellidir. Meselâ biyografiler genellikle muayyen bir plân içinde incelenir. Fakat birçok konularda, çerçevenin araştırıcı tarafından tesbiti zarûreti vardır. Bu sınırlama belli bir zaman parçası içine oturtulma şeklinde olabileceği gibi, siyâsî, idârî, askerî, iktisâdî, sosyal, vs. bakımlardan da olabilir. Meselâ, iki devlet arasındaki münâsebetlerin incelendiği bir araştırmada sınırlar, XVI. yüzyıl, XVII. yüzyıl yahut Kanûnî Süleyman devrine hasr edilebileceği gibi 1566-1640 veya 1791-1839 gibi tarihlerle de çerçevelendirilebilir. «Osmanlı-Fransız siyâsî münâsebetleri» veya «Osmanlı-Venedik ticarî münâsebetleri» şeklinde sınırlandırmalar yapılabileceği gibi, bunlar, "Osmanlı-İngiliz iktisâdî münâsebetleri 1580-1838" veya "Osmanlı-Fransız siyâsî münâsebetleri 1798-1802" gibi belli bir zaman içine de oturtulabilir.

Araştırma konusu bir müessese ise, bütünüyle ele alınıp kuruluşundan ortadan kalkışına kadar, tarih içindeki seyrinin incelenmesi en iyi yoldur. Fakat bunun yapılması her zaman kolay olmayabilir; veya çok uzun sürecek bir mesâîyi gerektirebilir. Bu gibi durumlarda çerçevenin çizilmesi daha büyük önem taşır. Müesseselerin, tarihî seyri içinde genellikle bir veya birden fazla dönüm noktası vardır. İşte, çerçeve tesbit edilirken, başlangıç ve bitişin bu dönüm noktalarına getirilmelerine bilhassa dikkat edilmelidir. Meselâ, Osmanlı merkez teşkilâtı üzerinde yapılacak bir araştırmanın bitişi XVIII. yüzyıl sonu olmamalıdır. Zira, XVII. yüzyılda başlayan, selâhiyetlerin Dîvân-ı Humâyûndan Paşa Kapısına intikali XVIII. yüzyılın ilk yarısında tamamlanmıştır. Şu halde bu konuda XVIII. yüzyıl sonu bir dönüm noktası değildir. Bâbıâlî de iki safhada incelenebilir. Yetkinin Paşa Kapısına intikalinden nezâretlerin kuruluşuna kadar ve nezâretlerin kuruluşundan sonra. Maliye teşkilâtı veya vergi sistemi ise Tanzimat öncesi ve sonrası olarak ayrılabilir.

Ancak, başlangıçta çerçevenin kesin olarak çizilmesi her zaman mümkün olmayabilir. Üzerinde daha önce çalışılma yapılmamış konularda sınırların çizilmesi toplanacak malzemeye bağlı olabilir. Bu takdirde ileride değiştirebilmek kaydı ile esnek bir çerçeve çizilir; malzemenin toplanması ilerledikçe sınırları da yavaş yavaş belirmeye başlar; tasnif bittikten sonra ise kesin hatlar ortaya çıkar.

Hiç şüphe yok ki araştırmanın çerçevesi kitabda daha geniş, makalede daha dardır.

II. BİBLİYOGRAFYANIN TESBİTİ ve TOPLANMASI

A. Tesbit

1. Bibliyografik Eserlerin Taranması

Konu tesbit edilip, imkân varsa, sınırları çizildikten sonra yapılacak ilk iş bibliyografya tesbitidir. Bunun için bibliyografik mâhiyetteki eserlerden işe başlanır. Kitablar için *Türkiye Bibliyografyası*, makaleler için *Türkiye Makaleler Bibliyografyası* ilk akla gelecek müracaat kitablarıdır. Üniversite yayınları için *İstanbul Üniversitesi Yayınları Bibliyografyası* ve *Ankara Üniversitesi Dil ve Tarih-Coğrafya Fakültesi Yayınları Bibliyografyası* gibi yayınlara baş vurulabilir. Hukuk, İktisat, Ormancılık, Kütübhanecilik, Sosyoloji, İşletmecilik, vs. konulardaki eserleri ihtivâ eden çeşidli bibliyografik eserler de mevcuddur. Bu cümleden olarak tarihçiler için de Enver Koray'ın *Türkiye Tarih Yayınları Bibliyografyası* adlı eser zikr edilebilir. Şahıslar için düzenlenmiş bibliyografyalarla belli bir derginin ihtivâ ettiği makaleleri veren bibliyografyalar da araştırma konusuyla ilgili makalelerin tesbitinde büyük kolaylık sağlar. Meselâ, Atatürk ve İnkılâblar konusunda yapılacak bir çalışma için Muzaffer Gökman'ın *Atatürk ve Devrimleri Tarihi Bibliyografyası* ve eki zikr edilebilir. Türk Tarih Kurumu *Belleten*'inde 1971'e kadar yayınlanmış makaleler için *Belleten Dizini* kullanılır.

Ayrıca, 1906'dan îtibâren yayınlanmış İslâm ve Türk tarih, dil, edebiyat ve etnografyası ile ilgili makalelerin toplandığı *Index Islamicus* ile 1975'den îtibâren neşrine başlanan *Turkologischer Anzeiger*'in de mutlaka görülmesi gerekir.

2. Kütübhane Fişleri ve Katalogların Taranması

Bibliyografik eserlerdeki malzemenin taranmasından sonra, çeşidli sebeblerle bunlara girmemiş Türkçe eserlerle yabancı dillerdeki eserlerin tesbiti için kütübhane fişlerine müracaat edilir.

Kütübhane fişleri, a) yazar soyadına, b) konu adına göre olmak üzere iki grup halinde alfabetik tarzda tertib edilmişlerdir. c) Ayrıca, İstanbul Millet Kütübhanesi, Ankara Millî Kütübhanede katalog sistemi; Boğaziçi Üniversitesi Kütübhanesi ile Marmara Üniversitesi İktisâdî İlimler Fakültesi Kütübhanesi ve bütün İl Halk Kütübhanelerinde yerleştirme sistemi olarak *Dewey Onlu Sistemi* adıyla tanınan sistematik bir tasnif bulunmaktadır. Bu sistemde her ilim dalına bir numara verilmiş ve sonuna iki sıfır eklenmiştir. Bu iki hanedeki rakamlar o ilim dalının branşlarını göstermektedir. Hiçbir ilim dalına girmeyen genel konular için ise (0) kullanılmıştır.

Dewey sisteminde ilimlere göre sıralama şöyledir:

000-099 Genel konular
100-199 Felsefe-estetik
200-299 Dinler
300-399 Sosyal İlimler
400-499 Dilbilim
500-599 Nazarî İlimler
600-699 Tatbikî İlimler
700-799 Güzel San'atlar
800-899 Edebiyat
900-999 Tarih

Tarih de şöyle bir ayırıma tâbi tutulmuştur:

900-909 Umûmî eserler
910-919 Coğrafya
920-929 Biyografi
930-939 Eskiçağ Dünya Tarihi
940-949 Avrupa
950-959 Asya
960-969 Afrika
970-979 Kuzey Amerika
980-989 Güney Amerika
990-999 Okyanusya

Yakın Doğu ve Türk âlemine ayrılan rakam 956'dır ve bu numarada ana başlıklar şöyle tesbit edilmiştir[1]:

956.01 İslâmdan Önce Türk Tarihi
02 İslâmdan Sonra Türk Tarihi
03 Avrupa'da Türk Kavimleri ve Devletleri
04 Mısır'da Türkler
05 Büyük Selçuklu İmparatorluğu ve Kolları
06 Anadolu Selçukluları, Anadolu'nun Türkleşmesi ve Haçlı Seferleri
07 Osmanlı İmparatorluğu
08 Türkiye Cumhuriyeti

İstanbul Üniversitesi Kütübhanesinde kullanılan sistem ise Dewey'in geliştirilmiş şekli olup «*Evrensel Sistem*» veya «*Brüksel Sistemi*» adıyla anılmaktadır.

Türkiye'de en ufak broşüre kadar basılı herşey *derleme*ye girmektedir. Bunların toplandığı da üçü Ankara (Millî Kütübhane, TBMM Kütübhanesi ve İl Halk

1 Melvil Dewey, *Dewey Onlu Sistem ve Relatif Endeks,* İstanbul 1962, s. 503 vd.

Kütübhanesi), ikisi İstanbul (İstanbul Üniversitesi Merkez Kütübhanesi, Beyazıt Devlet Kütübhanesi), biri İzmir'de (Millî Kütübhane) olmak üzere altı kütübhane vardır.

Kütübhanelerimizdeki yazma eserler için her birindeki fişlere müracaat edilebilir. Bazıları için ise kataloglar bulunmaktadır. Yayınlandığı tarihlerde Millî Eğitim Bakanlığına bağlı İstanbul kütübhanelerindeki tarih yazmalarını ihtiva eden *İstanbul Kütübhaneleri Tarih-Coğrafya Yazmaları Katalogları* ilk baş vurulacak eserdir. Son yıllarda *Türkiye Yazmaları Toplu Kataloğu* adıyla Kültür Bakanlığına bağlı bütün kütübhanelerdeki yazmaları ihtiva edecek bir kataloğun yayınlanmasına başlanmış olup hâlen devam etmektedir. Topkapı Sarayı Müzesi Kütübhanesi ile bazı şehirlerdeki yazma eserlerin de katalogları neşr edilmiştir. Ayrıca Sultan Abdülhamid devrinde hazırlanan eski yazı kütübhane kataloglarından da faydalanılmaktadır.

Araştırmanın, Avrupa kütübhanelerindeki yazma eserlerin görülmesini gerektirdiği hallerde ise F. Babinger'in *Osmanlı Tarih Yazarları ve Eserleri* adıyla Türkçeye çevrilen eseri ilk müracaat edilecek kitab olacaktır[2]. Çeşidli Avrupa ve Amerika kütübhanelerindeki yazma eser kataloglarının tesbiti için ise Pearson'un *Oriental Manuscripts in Europe and North America: A Survey* adlı eseri mükemmel bir rehber vazifesi görecektir.

B. Eser ve Makalelerin Fişlenmesi

1. Eserlerin Fişlenmesi

Bibliyografya tesbitine başlamadan önce faydalanılacak kitab ve makalelerin yazılacağı fişlerin hazırlanması gerekir. Bunlar 7,5x12,5 cm. eb'adında karton veya kolay yıpranmayacak kalın kâğıttan kestirilmelidir. Bibliyografik notlar deftere veya gelişi güzel kâğıtlara yazılmamalıdır. Fişler yazıldıkca, mümkünse kabaca tasnif edilmeli ve zarf veya kutu içine konarak saklanmalıdır.

Bibliyografya fişleri, kitab veya makale oluşuna göre biraz farklı düzenlenir. Her iki halde de fişin sol üst köşesine yazarın soyadı, rahat görülmesini temin maksadıyla, büyük harflerle yazılır, bir virgülle ayrıldıktan sonra ilk adı ilâve edilir. Şayet yazar sayısı birden fazla ise, ilk isim bu sisteme göre yazılır, (-) konduktan sonra ikinci isme geçilir, fakat bu defa önce ad, sonra soyadı yazılır. Üç veya daha fazla isim olması halinde de ikinci isimdeki usûl tatbik edilir. Bunun sebebi-

---

2 Eserde, Avrupa kütübhanelerindekilerle birlikte, Abdülhamid devrinde hazırlanan fihristlerden faydalanılarak Türkiye kütübhanelerindeki nüshalara da yer verilmiştir.

ne gelince: Tek isimli fişlerde, fişlerin soyadına göre alfabetiğe konması dolayısiyle soyadı başa alınmaktadır. Çok isimlilerde ise alfabetik düzenleme birinci isme göre yapılmakta olduğundan ikinci, üçüncü isimlerde buna gerek kalmamaktadır.

Yazar isminden sonra sıra kitab ismine gelir. Kitabın adı, fişin orta yerine ve biraz içerden olmak üzere, uzunluğuna göre bir veya birkaç satır üzerine yazılır. Burada îtinâ gösterilmesi gereken bir husus vardır. Kitabın ismi, üstünde nasıl yazılmışsa aynen alınacaktır. Aksanlı yazılması gereken bir kelimenin aksansız, «d» ile yazılması gereken bir kelimenin «t» veya birleşik bir kelimenin ayrı yazılması, yahut da bunların tamamen aksi olması gibi. Bunların sorumluluğu yazara âiddir, değiştirelemez.

Kitab adlarında «ve», «veya», yabancı dillerdeki «article»lar haric bütün kelimelerin ilk harfinin büyük olması tercih edilir. Anglo-Amerikan sisteminde bu usûl tatbik edilmektedir. Yakın zamana kadar Fransızca neşriyatta özel isimler dışındaki kelimeler küçük yazılırken bilgisayara bağlanma başlayınca Anglo-Amerikan sistemi uluslar arası bir sistem haline gelmiştir.

Kitabların hepsi te'lif eser değildir. Başka bir dilden tercümeler olabileceği gibi, eski eserlerin yeni Türk alfabesiyle neşri veya sadeleştirilmesi, yahud da bir eserin, yazarın oğlu, torunu veya ikinci bir şahıs tarafından notlar ilâvesiyle neşri mümkündür. Bu gibi hallerde eserin adından sonra «çev./terc.», «yayına hazırlayan:» «sadeleştiren:», «notlar ilâvesiyle yayınlayan:» gibi bir açıklamadan sonra, bunu yapanın adı konur.

Cild sayısının birden fazla olması halinde bütün cildleri kullanılacaksa meselâ I-III yahut I-V şeklinde yazılır. Kullanılacak cild sadece bir tane ise o cild işaretlenir (II gibi).

Bir araştırıcı sadece kütübhanelerdeki kitablardan faydalanmaz. Konu ile ilgili yayınların temin edilebilecek olanlarını özel kütübhanemizde bulundurmamız bazı bakımlardan avantaj sağlar. Bunun için de kitabın hangi yayınevinin neşriyatı olduğu veya hangi matbaada basıldığının bilinmesinde fayda vardır. Şu halde fişe «Kültür Bakanlığı», «Türk Tarih Kurumu», «Türk Kültürünü Araştırma Enstitüsü», «İ.Ü. Edebiyat Fakültesi» gibi yayının nereye âid olduğu ile varsa yayın numarasının eklenmesi, kitabın en kolay nereden bulunabileceğinin bilinmesi bakımından faydalıdır.

Ayrıca bazı eserlerin sadeleştirme veya yeni Türk alfabesiyle neşri aynı yıl içinde ayrı şahıslar tarafından, farklı yayınevlerince gerçekleştirilebileceği gibi, bir yazarın eserinin çok rağbet görüp sür'atle tükenmesi halinde -ilmî eserlerde hayli zayıf bir ihtimal olmakla birlikte- aynı yıl içinde başka bir yayınevi tarafından neşr edilmesi de mümkündür. Birinci şıkta sadece sayfa düzeninde değil, okuyuş ve mânâ verişte de farklılıklar olabilecek; ikincide, yeniden dizilmesi halinde sayfa tertibi değişecek veya yazar tarafından metne ilâveler yapılabilecektir. Onun için yayınevinin yazılması gerekmektedir.

Bir eserin birden fazla baskısı olduğu takdirde, faydalanılanın kaçıncı baskı olduğunu da belirtmek lâzımdır. Bu «2. baskı», «5. baskı» şeklinde belirtilebileceği gibi ismin üstüne rakam konarak da gösterilebilir.

Eserin basım yeri ve yılı ise -köşeye çok yakın olmamak üzere fişin sağ alt tarafına ve araya « , » yahut « - » gibi bir işaret konmadan yazılır.

Fişler, kitabların özelliklerine göre şöyle tertib edileceklerdir:

Tek cildlik eser fişi

GÖKBİLGİN, M. Tayyib

Rumeli'de Yürükler, Tatarlar ve
Evlâd-ı Fâtihân

İ. Ü. Edebiyat Fakültesi yay. nr. 748

İstanbul 1957

İki cildlik eser fişleri

UZUNÇARŞILI, İsmail Hakkı

Osmanlı Devleti Teşkilâtından Kapıkulu
Ocakları, I-II

TTK. yay. vııı. seri, no. 12^{1} ve 12^{2}

Ankara 1943-44

ERKİN, Feridun Cemal

Dışişlerinde 34 Yıl

I. Anılar ve Yorumlar;
II. /1-2 Vaşington Büyükelçiliği

TTK. yay. XVI Dizi - Sa. 40^{1}, 40^{a}, 40^{a1}

Ankara 1987^{2}, 1986, 1987

Çok cildli bir eser fişi

KORAY, Enver

Türkiye Tarih Yayınları Bibliyografyası
I^2 (1729-1955); II (1955-1968); III (1968-1977); IV (1978-1984)

Millî Eğitim Bakanlığı yay. Devlet kitabları, nr. I, II (?); 356 (III); 627 (IV)

İstanbul 1959-1987
veya [İstanbul 1959, 1971, 1985, 1987]

Tercüme eser fişi

MOLTKE, Helmuth von

Türkiye Mektupları

çev. Hayrullah Örs

Remzi Kitabevi

İstanbul 1969

İki cildlik tercüme eser fişi

BRAUDEL, Fernand

Akdeniz ve Akdeniz Dünyası, I - II

çev. Mehmet Ali Kılıçbay

Eren yayınları

İstranbul 1989-1990

İki yazarlı ve tercüme eser fişi

SHAW, Stanford J. - Ezel Kural Shaw

Osmanlı İmparatorluğu ve Modern Türkiye

Türkçesi: Mehmet Harmancı

e yayınları

İstanbul 1983

Yeni Türk alfabesine çevrilerek yayınlanan eser fişi

AHMED CEVDET PAŞA Ma'rûzât Yayına hazırlayan: Yusuf Halaçoğlu Çağrı yayınları, 19 İstanbul 1980

Bazı eserlerde dış kapakta basım yeri ve yılı bulunmamaktadır. Özellikle yabancı dillerdeki eserlerde buna sıkca rastlanmaktadır. Bazan sadece yayınevi adı, bazan da yayıneviyle birlikte veya yayınevi adı olmaksızın iki, üç, hatta dört şehir adı görülmektedir.

Kapakta yayınevi ile tek şehir ismi varsa bunlar alınacak ve iç kapağın arkasındaki meselâ «Bernard Lewis 1982» ibaresindeki tarih de basım yılı yerine konulacaktır.

Kapakta iki şehir ismi varsa ikisi birden, ikiden fazla ise birinci ve sonuncu alınacak ve yine iç kapağın arkasında yayın tarihi aranacaktır. «First published 1984» kaydı var, başka tarih yoksa bu, kitabın ilk baskısı demektir ve yayın yılı yerine 1984 konacaktır. Eğer birkaç yayın tarihi veriliyorsa, aranılan tarih en sonuncudur. «Third edition revised, published 1967. Thirteenth impression 1972» gibi bir kayıd, 1972'deki baskının, 1967'deki gözden geçirilmiş üçüncü baskıya dayanan onüçüncü baskı olduğunu göstermektedir. Basım tarihi yerine tabiî 1972 yazılacaktır. Çok nadir de olsa iç kapaktaki basım tarihi ile arka kapağa konmuş olanın birbirini tutmadığı da vâkidir. Buna da sebeb, kitabın basımının ya yıl sonunda tamamlanması ve kapak takılıp satışa sunulmasının ertesi yıla kalması, veya kitabın baskısı bittiği halde her hangi bir sebeble cildlenip yayın âlemine arzının geciktirilmesi olabilir. Burada satışa sunulması mühim olduğundan basım tarihi olarak ikincisi alınacaktır.

LEWIS, Bernard The Muslim Discovery of Europe Weidenfeld and Nicolson London 1982

Eski yazı basılı eserlerde, basım tarihini her zaman kapakta bulmak mümkün olmayabilir. Bu takdirde basım tarihinin konmamış olduğu düşünülmemeli ve cildin sonuna bakılmalıdır. Birkaç cildlik eserlerde, eğer cildler aynı tarihte basılmışlarsa, ilk cildlerde de tarih bulunmayabilir. Meselâ, Râşid Tarihi'nin ilk dört cildinde basım tarihi olmayıp beşinci cildin sonunda baskının tamamlanışı gün ve ay da verilerek belirtilmiştir. Râşid'in devamı mâhiyetindeki Küçük Çelebi-zâde Âsım Tarihi'nde de basım tarihi yine cildin sonundadır.

Bazı eserlerde ise basım tarihi hiç bulunmaz. Eğer bunlar, *Türkiye Bibliyografyasın*'dan tesbit edilebiliyorlarsa orada bulunan basım tarihi köşeli parantez içinde yazılır. Köşeli parantez kullanılması, bu tarihin kitabın üzerinde bulunmadığını gösterir. Basım tarihi hiç bir şekilde tesbit edilemeyen kitablarda ise tarihsiz mânâsına "ts." kısaltması kullanılır. Böylece basım yeri ve tarihi "İstanbul ts." şeklini alır.

Bazı eserlerde yazar adı yerinde yayınlayan, derleyen veya hazırlayanın adı bulunur. O takdirde yazar adı yerine bu isim gelir ve yanına (yay./neşr.), (derleyen), (hazırlayan) şeklinde bir not konur.

ANHEGGER, Robert - Halil İnalcık (yay.)

Kānūnnāme-i Sultāni ber Muceb-i 'Örf-i Osmāni.
II. Mehmed ve II. Bayezid Devirlerine Ait
Yasaknāme ve Kānūnnāmeler

TTK. yayını, xı. seri -no. 5

Ankara 1956

ŞAHİN, İlhan - Feridun Emecen (yay.)

Osmanlılarda Divân - Bürokrasi - Ahkâm
II. Bâyezid Dönemine Ait 906 / 1501 Tarihli Ahkâm Defteri

Türk Dünyası Araştırmaları Vakfı yay., nr. 128

İstanbul 1994

Müesseseler tarafından birkaç kişinin ortak çalışmalarıyla te'lif, tercüme veya toplama tarzında meydana getirilmiş eserler de vardır. Bunların fişlerinde yayına hazırlayanlar yazar olarak gösterilebileceği gibi, yazar adı yeri boş bırakılıp kitab adının altına yayını hazırlayanların adı da konabilir.

ÖNAY, Aliye - M. Esat Sarıcaoğlu - Necdet Akyıldız - Sinan Satar - Yaşar Zorlu

Tanzimat Öncesi Merkez Evrakının Tasnif Kılavuzu ve Belge Örnekleri

Başbakanlık Devlet Arşivleri Gnl. Md. Osmanlı Arşivi Daire Bşk. yay., nr. 16.

İstanbul 1994

Tanzimat Öncesi Merkez Evrakının Tasnif Kılavuzu ve Belge Örnekleri
Hazırlayanlar: Aliye Önay, M. Esat Sarıcaoğlu, Necdet Akyıldız, Sinan Satar, Yaşar Zorlu

Başbakanlık Devlet Arşivleri Gnl. Md. Osmanlı Arşivi Daire Bşk. yay., nr. 16.

İstanbul 1994

Bir de muayyen bir konuda çeşidli yazıların toplandığı, bir nevi mecmua mâhiyetindeki kitabların üzerinde sadece yayınlayan (editör) adı bulunmaktadır. Bunların fişleri de yukarda gösterilen şekle göre yapılacak, yalnız ismin editöre âid olduğu, yanına parantez içinde "ed." kısaltması konarak gösterilecektir.

İHSANOĞLU, Ekmeleddin (ed.)

Osmanlı Devleti ve Medeniyeti Tarihi

IRCICA yay.

İstanbul 1994

COOK, M. A. (ed.)

Studies in the Economic History of the Middle East. From the Rise of Islam to the Present Day

Oxford University Press

London 1970

Ancak, içlerindeki çeşidli yazılardan birinin fişlenmesi halinde fiş, -ilerde görülecek olan- makale tarzında yazılacaktır.

İPŞİRLİ, Mehmet

"Klasik Dönem Osmanlı Devlet Teşkilâtı"

Osmanlı Devleti ve Medeniyeti Tarihi

IRCICA yay.

İstanbul 1994

Üzerinde şahıs adı değil de bir müessese adı olan kitablarda ise yazar adı yerine müessese adı konacaktır.

Türk Dil Kurumu

Türkiye'de Halk Ağzından Derleme Sözlüğü, I-XI

Ankara 1963-1979

Eski yazı basma eserlerin fişlenmesi de yeni yazı eserlerinkinden farklı değildir. Ancak bunların çoğunda yayınevi bulunmaz. Fakat, birkaç baskısı olanlarda matbaası önem kazanır. Bazı kitabların Müteferrika, Âmire ve Osmaniye matbaalarında basılmış olanları vardır. Yahut da cildleri ayrı ayrı matbaalarda basılmıştır. Onun için bunlarda yayınevi yerine matbaalarının yazılmasında fayda vardır.

Cildleri farklı matbaalarda basılmış eski harfli bir eser fişi

ŞÂNÎ-ZÂDE, [Mehmed Atâullah]

Tarih, I-III
I ?
II Süleyman Efendi Matbaası
III Cerîde-i Havâdis Matbaası

İstanbul 1290 (II) veya
İstanbul I ts, II 1290, III ts.

Yazma eserlerde ise basma eserlerdeki basım tarihi yerine istinsah tarihi yer almalıdır. Aynı eserin yazmaları arasında dahi, bazan müellifin, birden fazla kaleme almasından, bazan da müstensih tasarrufundan, yazış özelliklerinden, vs. doğan farklılıklar vardır. Bunun için yazma eserin hiçbir nüshası diğerinin tamamen aynı değildir. Aynı olay, değişik nüshalarda değişik istif ölçüleri dolayısiyle başka başka sayfalarda ve belki de bazı farklı anlatışla yer alır. Ondan dolayı kullanılan nüshanın kütübhanesini muhakkak belirtmek gerekir. Fakat sadece kütübhane isminin verilmesi her zaman yeterli değildir. Birçok kütübhanede değişik şahıslara âid kitabların toplandığı kısımlar vardır. Meselâ Köprülü Kütübhanesinde aynı âileden Mehmed ve Fazıl Ahmed Paşalarla Mehmed Âsım Bey'e âid kısımlar mevcuddur. Süleymaniye ise 110 ayrı kütübhaneyi bünyesinde topladığından yazmanın, bunlardan hangisinde olduğunun gösterilmesi gerekir. «Es'ad Efendi», «Lâleli», «Husrev Paşa» veya «Ayasofya» gibi. Aynı durum Topkapı Sarayı Müzesi Kütübhanesi için de bahis konusudur.

Kitablık ayırımı olan kütübhaneye âid bir yazma eser fişi

SOLAKZÂDE Mehmed Hemdemî Tarih ist. t. 1083 Topkapı Sarayı Müzesi Ktb., III. Ahmed ks., nr. 3078

İstanbul Üniversitesi Kütübhanesinde ise daha değişik bir ayırım yapılmıştır. Eserler, yazıldıkları dillere göre ayrılmıştır. Türkçe Yazmalar (TY), Arapça Yazmalar (AY), Farsça Yazmalar (FY) dan hangisi olduğu gösterilmelidir.

Bir kütübhanenin belli bir kısmında aynı eserin birden fazla nüshası bulunabileceğinden, kısım adından sonra numarası da mutlaka belirtilmelidir.

Kütübhaneler için meşhur olmuş bir kısaltma varsa fişlerde bu kısaltma kullanılabilir. Meselâ Topkapı Sarayı Kütübhanesi için «TSMK», İstanbul Üniversitesi Kütübhanesi için «Üniv. Ktb.», yahut İ.Ü. Ktb. gibi.

Yazıldığı dile göre ayırım yapılmış bir yazma eser fişi

LÜTFİ PAŞA

Âsafnâme

is. t. 1015

İstanbul Üniversitesi Kütübhanesi, TY, nr. 786

Münşeat mecmuaları gibi derleme eserlerde, derleyen belli ise ismin yanına parantez içinde "(derleyen)"yazılır, belli değilse yazar adı yeri boş bırakılır.

Münşe'at Mecmu'ası

Beyazıt Devlet Ktb. Veliyüddin Efendi kısmı, nr. 5867

2. Makalelerin Fişlenmesi

Makaleler için de aynı boyutlarda fişler kullanılır. Yazar adının yazılış şekli de kitab fişlerinde olduğu gibidir. Yalnız makalelerde hem makalenin, hem de içinde bulunduğu derginin adının verilmesi gerektiğinden, ikisinin birbirinden ayrılması için makale adı tırnak içinde, dergi adı ise açıkta yazılır. Virgülle ayrılıp cild ve sayı numaraları gösterilir. Cild romen rakamı ile yazılıp bölü işareti konarak sayısı arab rakamı ile yazılırsa «cild» ve «sayı» diye ayrıca yazmaya ihtiyac kalmaz. Bazı dergilerde cild numarası konmayıp sadece sayı gösterilmiştir. Bu gibi hallerde cildle karışmaması için romen rakamı, sayfa ile karışmaması için «s.» kullanılmamalı, «sayı» yazı ile yazılmalı, virgülden sonra sayfayı gösteren «s.» konulup makalenin başlangıç ve bitiş sayfaları ilâve edilmelidir. Kitabda olduğu gibi dergi adının altı çizilmelidir.

Cild ve sayı bulunan bir mecmuadaki makalenin fişlenmesi

BARKAN, Ömer Lütfi

«Osmanlı İmparatorluğunda Bir İskân Metodu
Olarak Sürgünler»

<u>İ. Ü. İktisat Fakültesi Mecmuası,</u> XV/1-4, 209-237.

İstanbul 1955

Memleketimizde bazı imkânsızlıklar dolayısiyle ilmî dergiler her zaman plânlandığı şekilde muntazam çıkamamakta, bazan birkaç sayı birleştirilmekte (1-4 gibi), buna paralel olarak âid olduğu tarih de ikileşmektedir (Ekim 1953 - Temmuz 1954 gibi). Fişlerde çıkması icab eden tarih ihmal edilip sadece basım tarihi konacaktır.

Ayrı basımların fişlenmesine gelince: Aslında dergi içindeki makalelerle bunlar arasında fark yoktur. Ancak, büyük hacimdeki bazı makalelerde ayrı basımlara önsöz, bibliyografya ve indeks gibi ilâveler yapılması ve sahife numaralarının dergiden farklı olarak "1"den başlatılması halinde, eğer farklı olan ayrı basım kullanılacaksa, bunun belirtilmesi lâzımdır. Zîrâ, bu gibi durumlarda ayrı basım olduğu belirtilmediği takdirde, sahife numaralarındaki farklılık dolayısiyle ortaya çıkacak karışıklık, yazı sahibinin yanlış referans vermek gibi bir töhmet altında kalmasına sebeb olabilecektir. Onun için bu gibi ayrı basımlar kullanıldığında, ayrı basım olduğunun mutlaka belirtilmesi gerekir. "1869'da Faal İstanbul Medreseleri" ve "Lütfi Paşa Âsafnâmesi (Yeni Bir Metin Tesisi Denemesi)" adlı makalelerimizin ayrı basımlarında , birinci çok sayıda medrese ihtiva ettiğinden istenilenin kolayca bulunabilmesini temin maksadıyla; ikincisi ise, küçük hacimli olmakla beraber müstakil bir eserin tenkidli neşri olduğu için indeks eklenmiş bulunduklarından, bu şekil tercih edilmiştir.

Fuad Köprülü'nün, *Türk Hukuk ve İktisat Tarihi Mecmuası*'nda çıkan "Bizans Müesseselerinin Osmanlı Müesseseleri Üzerine Tesiri Hakkında Bazı Mülâhazalar" adlı makalesinin ayrı basımında ise sahife numaraları "1"den başlatılmakla beraber, mecmuadaki sahife numaraları da ilâve edilmiştir. Mecmua sahifelerinin referans olarak verilmesi halinde ayrı basım olduğunun belirtilmesine ihtiyac olmadığı halde "1"den başlayan sahife numaraları kullanıldığında ayrı basım olduğuna işaret edilmelidir.

KÜTÜKOĞLU, Mübahat S.

"1869'da Faal İstanbul Medreseleri"

Tarih Enstitüsü Dergisi, sayı 7-8'den önsöz, bibliyogrfya ve indeks ilâve edilmiş ayrı basım, s. 1-151.

İstanbul 1977

Ansiklopedi ve gazetelerdeki imza bulunmayan makalelerde ise isim yeri boş bırakılır. Madde adı, ansiklopedinin veya gazetenin adı ve sayfası yazılır. Gazetelerde tarihin gün, ay ve yıl şeklinde tam verilmesi lâzımdır. Sayının ilâvesi de uygun olur. Çıktığı yer herkesce bilinmeyen bir gazete ise basım yeri de mutlaka konmalıdır.

Bir gazete yazısının fişlenmesi

«Mercan-Aksaray Yangını»

Yeni İkdam, sayı 495, s. 1

İstanbul 25 Temmuz 1911

Günümüz gazetelerinin büyük kısmının idarehaneleri İstanbul'da olmakla birlikte, gazetenin okuyucunun eline sür'atle geçmesini temin maksadıyla çeşidli merkezlerde basıldığı malumdur. Hatta, bunlar arasında, Türk nüfusun kesif olarak yaşadığı Avrupa memleketleri de vardır. Taşra baskılarında bazı mahallî haberler, mahallî ticarî ilânlar, ölüm ilânları gibi İstanbul nüshasından farklı yazılar da bulunmaktadır. Dolayısiyle böyle bir taşra baskısının kullanılması halinde, hangi gazete olursa olsun basım yerinin mutlaka kayd edilmesi gereklidir.

Tanıtma yazılarının fişlenmesine gelince:

Bunlarda, biri tanıtan şahsın, diğeri, kitabın yazarının olmak üzere iki ismin mevcudiyeti, yazar adı yerinde hangisinin bulunacağı hususunda tereddüde sebeb olmamalıdır. Yazar adı yerinde kitabı tanıtanın adı bulunacak, kitabın yazarının adı ise makale adı içinde yer alacaktır. Bunun dışında bu yazılar da aynı makale gibi fişlenir.

Tanıtma yazısının fişlenmesi

MERT, Özcan "İ. Metin Kunt, Bir Osmanlı Valisinin Yıllık Gelir-Gideri Diyarbekir, 1670-71, İstanbul 1981, VIII+128 s." Tarih Dergisi, sayı 33, s. 460-462. İstanbul 1982

Bilgisayarın sadece masa üstünde kalmayıp taşınabilir tiplerinin de yapılması ve bunların gittikçe de daha kolay taşınabilir modellerinin çıkması araştırıcının işini kolaylaştırmaktadır. Artık bilgisayarlar kütübhane ve -müsaade edildiği takdirde- arşivlerde de kullanılabilmekte, dolayısiyle fişlerin de elle yazılma yerine bilgisayara girilerek hazırlanmaları mümkün olabilmektedir. Kitab ve makale fişlemek için kütübhanelerde kullanılan özel programlar vardır. Bu programlardan edinildiği takdirde fişlerin doğrudan doğruya bilgisayara girilmesi çok daha kolay ve rahat kullanılabilir olmalarını sağlayacaktır.

Araştırma konusu ile ilgili bibliyografyanın bir kısmı ise, okunan kitabların bibliyografyalarından tesbit edilip fişlenir. Bu suretle bibliyografya, her görülen eserden sonra biraz daha genişleyip zenginleşir.

3. Not Alma Şekli

Konu ile ilgili ilk elde görülecek eserlerin tesbiti bittikten sonra okunmasına başlanır. Araştırma ile ilgili bahislerde notlar alınır. Burada iki yol vardır. a) "İstinsah" denilen aynen kopye etmek, b) özetlemek.

Çalışmanın başında iken, yazma safhasına geçildiğinde neyin mühim olacağı, neyin ihmal edilebileceğinin kestirilmesi, özellikle ilmî araştırmaya yeni başlayanlar için güç olacağından birinci şıkkın tercihi tavsiye edilir. Özellikle Osmanlıca metinlerde mutlak surette bu yol takib olunmalıdır. Zîrâ, bazı kelimelerin doğru okunamaması veya mânâlandırılamaması mümkündür. Orijinal yazıyla kopye edilirse, daha sonra değerlendirilirken üzerinde düşünme ve problemleri halletmek için daha fazla imkânlar olacaktır. Meselâ lügatlara baş vurulabilecek veya mütehassıslara danışılabilecektir.

Bibliyografyanın fişlenmeye başlanmasından önce yapılan hazırlık gibi, not almaya başlamadan önce de kâğıtların hazırlanması gerekir.

Not alınacak kâğıtların da tek eb'atta olmasında fayda vardır. Çeşidli büyüklükte kâğıtlara not alınmasının pratikte mahzurları mevcuddur. Küçük bir kâğıdın büyükler arasında gözden kaçması veya düşüp kayb olması pek mümkündür. Böylece belki uzun bir mesâî sarf edilip emek verilerek alınan pek mühim bir not bulunamayacak; eğer mevcudiyeti hatırlanırsa yeniden zaman harcanacak; notun alınmasıyla yazma safhası arasında uzun bir süre geçmesi ve böyle bir notun mevcudiyetinin unutulması halinde ise, belki de bir mesele halledilemeyecektir. Bu hususlar göz önünde bulundurularak kullanılacak kâğıtların büyüklükleri önceden kararlaştırılmalı ve sonra değiştirilmemelidir. Hatta bunlar, klâsör kâğıdı olabilir. Not alınıp bittikten sonra kâğıtlar klâsöre konur ve tasnif edilinceye kadar orada muhafaza edilir. Ancak, notların hiçbir şekilde deftere peş peşe yazılması düşünülemez. Çünki her mesele için muhakkak ayrı bir kâğıt kullanlacak ve bir fasıl yazılırken fişler masanın üzerine yayılacaktır. Kolaylıkla tahmin edilebileceği gibi, deftere yazma halinde bu mümkün olamaz.

Not alınırken kaçınılması gereken bir husus da kâğıdın arka yüzünün kullanılmasıdır. Bu da karışıklığa ve arka sayfadaki bilgilerin ihmal edilebilmesine sebeb olabileceğinden, üzerinde titizlikle durulmalıdır.

Not alınmaya başlanırken ilk iş kitabın tam künyesini kâğıdın sağ üst köşesine yazmak olmalıdır. Eğer bir kitabdan alınacak not fazla ve kitabın adı da uzun ise müteâkıb sayfalarda kullanılmak üzere bir kısaltma seçilmeli ve bu, hem parantez içinde kitab isminden sonra, hem kitabın fişine, hem de ihtiyaten, o kitab için kullanılan diğer kısaltmalarla birlikte ayrı bir kâğıda liste halinde yazılmalıdır. Eser veya derginin pek bilinen bir kısaltması varsa, bu kullanılmalıdır.

Not alınırken eserde kullanılan alfabe tercih edilmeli ve buna göre, yeni yazı ise kâğıdın solunda, eski yazı ise sağında, kâğıdın eb'adına uygun olarak üç-dört cm.lik bir marj, yani boşluk bırakılmalıdır. Satır sonunu da sayfanın bitim çizgisine kadar götürmemeli, üç-beş mm. kadar önce kesmelidir. Satır başında bırakılan marj, okunup tasnif edilmesi sırasında bazı ufak notların konması için işe yarayacaktır. Satır sonlarında bırakılacak birkaç mm.lik kısım ise, kâğıdın her hangi bir

Yeniyazı kitabdan alınmış notun ilk sayfası

Fuad Köprülü, Osmanlı İmparatorluğunun Kuruluşu, İstanbul 1981, s. 152-53.

[152] AHİLER – Âşık Paşazâde'nin Anadolu'da ehemmiyetlerinden bahsettiği ikinci zümre *Ahîyân-ı Rûm*, yâni *Anadolu Ahîleri*'dir. İbn Battûta'nın müşâhedeleri sayesinde XIV. asırda bu teşekkülün Anadolu'da ne kadar yayılmış olduğu eskidenberi bilindiği için, Osmanlı devletinin kuruluşunda bunların rolleri mes'elesi epeyi zamandır dikkati celbetmiş bulunuyor. On beş senedenberi oriyantalistlerin bu hususdaki tetkîkleri ve eski yeni birtakım *fütüvvetnâme*'ler üzerinde yapılan yeni araştırmalar bu teşkilâtın mahiyetini az çok aydınlatmış gibi görünüyorsa da, tarih bakımın [153] dan, bu hususdaki mübhemiyet henüz giderilmiş değildir[41].

İbn Battûta, bilhassa Anadolu'nun belli başlı merkezlerinde, Antalya, Burdur, Gölhisar, Lâdik, Milas, Barcın, Konya, Niğde, Aksaray, Kayseriye, Sivas, Gümüş, Erzincan, Erzurum, Birgi, Tire, Manisa, Balıkesir, Bursa, Gerede, Geyve, Yenice, Mudurnu, Bolu, Kastamonu, Sinop'da, *Ahîyat al-fityân* «kardeş yiğitler» adını verdiği bu zümrenin zaviyelerinden bahsetmekte ve Anadolu'da her Türkmen kasabasında, köyünde bunlara tesadüf edildiğini söylemektedir. Filhakika, gerek toponimi tetkikatı, gerek kitabeler ve mezar kitabeleri, sonra vakfiyeler, resmî kayıtlar ve nihayet muhtelif tarihî menbalar, bu teşkilâtın Anadolu'nun her tarafına, hat tâ Anadolu ile sıkı münasebeti olan Azerbaycan'a ve Kırım'ın sahil şehirlerine kadar yayıldığını gösteriyor. Bu vaziyet, belki bu kadar yayılmış ve inkişaf etmiş olmasa bile, XII. asırda ve bilhassa bu asrın ikinci yarısında da böyle idi.

41 Bibliyografya için F. Taeschner'in şu iki makalesine müracaat: *Fütuwwa-Studien, Die Futuwwabünde in der ....*

Notun ikinci sayfasının başı

Köprülü, *Kuruluş*, s. 153

(2

Selçuklu devrine ait eserlerde, bâzı büyük şehirlerdeki hadiselerden bahs edilirken ....

....

Yazma eserden alınmış not

Selânikî Mustafa Efendi, *Tarih,* Süleymaniye Ktb, Es'ad Efendi, nr. 2259, vr. 356b-357a

والئ ولايت شرق شاه عباس ميرزا ايلجيسى ديوانه
كلدوكيدر و اواسط شهر جماذى الاولى ده والى ولايت
شرق شاه عباس ميرزا ايلجيسى اردبيل حاكمى ذوالفقار
خان كتوردوكى نامه و پيشكش و تحف و هدايا سن
عرض ديوان معدلت مكانه كلدى كثرت و ازدحام
اولوب جمعيت [357a] عظيم اولدى قانون قديم اوزره
اكرام و احترام اولنوب عالى ضيافت اولندى . و اعيان
سلطنت حضورلرنده اسكملى قونوب اوتوردى صدراعظم
ابراهيم پاشا ادام الله تعالى اجلاله حضرتلرى شاه

....

şekilde -meselâ, zarflara konulup çıkarılırken- yıpranması karşısında yazının okunamaz hale gelmesine karşı alınacak bir tedbirdir.

Not almaya başlarken köşeli parantez içinde basma eserlerde sayfa, yazmalarda varak[3] numarası konmalı ve bir sayfa bitip ikinciye geçilmeden hemen başlanacak sayfanın numarası yine aynı şekilde yazılmalıdır. Sayfa numaralarının ihmal edilmesi, araştırmanın kaleme alınış safhasında yeni bir iş çıkarabileceği gibi, fark edilmeden yanlış referans verilmesine de sebeb olabilir. Bu da ilmî ciddiyete gölge düşürür.

İstinsah esnasında sayfa altı notlarına da yer verilmesi faydalıdır. Zîrâ bazan faydalanılan kitabda nereye dayanılarak bilgi verildiğinin gösterilmesi gerekebileceği gibi, icabında bilginin doğruluğunun araştırılmasında da yardımcı olacaktır. Not alma sırasında önemle üzerinde durulacak bir husus da her fikir ve olay için ayrı bir kâğıt kullanılmasıdır. Her yaprak değişmesinde kitab adı ve kısaltması ve sayfa numarası konacaktır. Bir olay hakkında alınan bilginin bir sayfada bitmemesi halinde her yaprak, birbirinin devamı olduğunu gösterecek şekilde numaralanmalıdır.

4. Fotokopi

Günümüzde gelişen teknik imkânlar sayesinde uzun pasajların istinsahı yerine fotokopi alınması tercih edilmektedir. Bu yol çok daha sıhhatli olmakla birlikte gerek fotokopi esnasında ışığın kâğıt veya mürekkeb üzerinde yaptığı tahribat, gerekse kitabın ters çevrilmesinin cildi bozması dolayısiyle, yazma eserden fotokopi yapılmamakta, ancak mikrofilm alınması mümkün olmaktadır.

Fotokopi alındığı zaman da anında yapılacak bir iş vardır. O da tıpkı istinsah ederken olduğu gibi ilk sayfa üzerine tam künyenin yazılması, müteâkıb sayfalarda da ismin tekrarlanmasıdır. Kitabın sayfa numaralarının fotokopide çıkıp çıkmadığı da kontrol edilmeli, çıkmayan sayfalar vakit geçirilmeden numaralanmalıdır.

Bilgisayarın yaygınlaşmasıyla, müsaade edilen arşiv ve kütübhanelerde diz bilgisayarı kullanılması da mümkün olabilmektedir. Ancak, istinsah ederken olduğu gibi bilgisayar kullanarak not alırken de okumanın çok dikkatli yapılması lâzımdır.

---

3 Yazma eserlerde sayfa değil varak numaralanır. Kitab masa üzerinde açık durumda iken, masaya dik olarak kaldırılan yaprağın sağ ele bakan ön yüzü «a» (Arabça vech, Lâtince recto «r»), sol ele bakan arka yüzü «b» (Arabça zahr, Lâtince verso «v») olarak kabul edilir. Sayfa numarası yazılırken de «29a» veya «72b» şeklinde belirtilir.

III. ARŞİV MALZEMESİNİN TESBİTİ ve TOPLANMASI

Araştırma konusunun arşiv çalışmasını gerektirdiği hallerde, belli başlı eserler okunup konu hakkında kâfi bilgi sahibi olunduktan, başka bir ifadeyle toplanacak belgeler seçilebilecek hale gelindikten sonra, artık arşiv çalışmalarına başlanabilir.

A. Arşivlerin Tesbiti

Memleketimiz Osmanlı tarihi bakımından hayli zengin arşiv malzemesi ihtiva etmektedir. Bu sebeble yalnız Türk tarihi değil, Osmanlı hakimiyeti altına girmiş, bugün sayıları yirmiyi aşan devletin tarihi bakımından da son derecede mühimdir. Ne var ki, bu belgelerin hepsi toplu olarak bir yerde değildir. Osmanlı resmî belgelerinin esas kısmı Başbakanlık Arşiv Genel Müdürlüğüne bağlı «Osmanlı Arşivleri Daire Başkanlığı» (BOA) depolarında bulunmaktadır. Fakat bunun dışında da çeşidli yerlerde arşiv malzemesi mevcuddur.

Topkapı Sarayı Müzesi Arşivi (TSMA) bunların başında gelir. Yakın zamana kadar eski Hariciye Nezâreti Arşivi de müstakil iken 1986 yılında Osmanlı Arşiv Dairesi koleksiyonlarına katılmıştır.

Dolmabahçe Sarayı'nda da "Hazîne-i Hassa"ya âid bir arşiv olmakla birlikte araştırıcıya henüz açık değildir.

Şer'iyye Sicilleri denen kadı sicillâtından İstanbul'a âid olanlar İstanbul'da, diğerleri Ankara'da toplanmıştır. Meselâ İstanbul ve Bilâd-ı Selâse (Eyüb, Galata, Üsküdar) kadılıkları ile bu kadılıklara bağlı mahkemelerin sicillerinin çok büyük kısmı Diyânet İşleri Başkanlığına bağlı «İstanbul Müftülüğü Şer'î Siciller Arşivi»ndedir. XVII. yüzyıla âid olup 1960'lı yıllarda TSMA'ne intikal eden bir kısmı ise, çeşidli müzelerde dağınık halde bulunan diğer sicillerle birlikte 1991'de Ankara Millî Kütübhaneye intikal etmiştir.

Ankara'ya nakledilen Saray Arşivinde, İstanbul'unkilerden başka Edirne, Balıkesir, Trabzon gibi bazı şehirler de dahil 43 kadılığın sicilleri bulunmaktaydı[4]. Yine 1991'e kadar Ankara Etnografya Müzesi'nde[5] bulunan Ankara, Kayseri gibi

---

4 Mücteba İlgürel, «Şer'iyye Sicillerinin Toplu Kataloğuna Doğru» *Tarih Dergisi*, sayı 28-29 (1975), s. 123-166.

5 Halit Ongan, *Ankara'nın 1 Numaralı Şer'iye Sicili*, Ankara 1958, s. vıı; Osman Ersoy, «Şer'iyye Sicillerinin Toplu Kataloğuna Doğru», *Dil ve Tarih Coğrafya Fakültesi Dergisi*, XXI/3-4 (1963), s. 33-65.

şehirler de dahil 17 kadılığın sicilleri de Millî Kütübhaneye devr olunmuştur.

Ankara'da ayrıca Tapu-Kadastro Genel Müdürlüğü bünyesinde «Kuyûd-ı Kadîme» (KKA) adıyla bilinen, en son tarihli muâmele görmüş tahrir defterlerinin muhafaza edildiği arşiv ile Vakıflar Genel Müdürlüğü Arşivi, Genelkurmay Askerî Tarih ve Stratejik Etüd Başkanlığı (ATASE) Arşivi ve yine Başbakanlığa bağlı Cumhuriyet Arşivi bulunmaktadır.

Yapılan çalışmanın mahiyetine göre, araştırma yapılacak arşiv ve arşivler farklı olacaktır.

Osmanlı Arşivi, Osmanlı tarihiyle ilgili hemen her konuda bilgi bulunabilecek malzemeyi ihtiva ettiğinden Osmanlı tarihi ile ilgili çalışmalarda baş vurulması gereken bir arşivdir.

Tarihî coğrafya, demografi gibi konularda çalışacaklar BOA yanında KKA'ni de kullanmak zorundadırlar.

Alacak ve boşanma dâvâları, ev satışları, esnafa âid her türlü mesele, beledî hizmetler gibi kadıya aks eden dâvâlarla kadıların vazifesi olan işler ve merkezden gönderilen ferman kayıdları hep siciller içinde yer aldığından özellikle sosyal, iktisâdî ve hukukî konular üzerinde çalışanların şer'iyye sicillerini incelemeleri gerekir. Şübhesiz araştırma, çalışmanın sınırları içindeki arşivde olacaktır.

Çalışma konusu içinde, vakıf eserlerin yer alması halinde araştırmacıların, diğer arşivlerle birlikte Vakıflar Genel Müdürlüğü Arşivi ile -eğer varsa- ilgili şehrin Vakıflar Baş Müdürlüğü Arşivinde de çalışma yapmaları icab eder. Kırım Harbi sonrası ile ilgili askerî konular için ise Genelkurmay Askerî Tarih ve Stratejik Etüd (ATASE) Arşivinin kullanılması gereklidir.

İşte, arşiv çalışmasına başlamadan önce, bunlardaki belgeler hakkında yayınlanmış kılavuz ve katalogları inceleyip konunun, hangilerinde araştırma yapılmasını gerektirdiğini kararlaştırmak lâzımdır. Çalışılacak arşiv sayısı birden fazla ise, sıraya koymak uygun olur.

Özellikle devletler arası münâsebetlerin ele alındığı araştırmalarda yabancı devlet arşivlerinin de görülmesi icab eder. Fransa, Avusturya, Venedik, İngiltere, vs. arşivleri de Türk ve dünya tarihi ile ilgili çok zengin malzeme ihtiva etmektedir. Hatta Türk arşivlerinde belge bulunamayan bazı konularda bu arşivlerden hayli malzeme toplanabilmektedir. Aslında birçok meselede değişik açılardan yapılan yaklaşımların görülüp değerlendirilmesi araştırmanın selâmeti bakımından zarûrî olduğundan, imkân nisbetinde yabancı arşivlerin de ihmal edilmemesi gerekir.

Hangi arşivde yapılmak istenirse istensin, bağlı bulunduğu müesseseye önceden konu bildirilmek suretiyle araştırma izni almak gerekir. Dilekçenin yazılmasında dikkat edilecek bir husus da, konunun hangi zaman dilimi içindeki kısmının işleneceğinin belirtilmesidir. Özellikle BOA'da yapılacak araştırmalarda bu hususa dikkat edilmektedir. Meselâ izin dilekçesinde «Osmanlı Merkez Teşkilâtı Büroları» üzerinde araştırma yapılmak istendiğinin bildirilmesi yetmemekte, bu araştırmanın hangi asırları kapsayacağına da işaret edilmesi gerekmekte ve eğer çalışma XVI.-XVIII. yüzyıllar üzerinde olacaksa ismin «XVI.-XVIII. yüzyıllarda Osmanlı Merkez Teşkilâtı Büroları» şeklinde yazılması icab etmektedir.

B. Arşiv Kılavuzlarının Taranması

Çalışılacak arşiv veya arşivler belirlendikten sonra ilk iş, onun basılmış bir kılavuzu veya kataloğu olup olmadığını araştırmak olmalıdır. Eğer böyle bir rehber kitab varsa iş bir hayli kolaylaşacaktır. Zira arşivlerde çeşidli tasnifler bulunabilir. Araştırıcı, konusu dolayısiyle bunlardan hangisi veya hangilerinde malzeme bulabileceğini tesbit eder. Böyle bir hazırlıkla arşiv çalışmasına başlamak, o arşiv hakkında hiçbir fikri ve hiçbir ön hazırlığı olmadan başlamaya nazaran büyük avantaj sağlar.

Fakat her arşiv için böyle rehber kitab bulmak mümkün değildir. O zaman arşivdeki fihristlerden faydalanılarak tesbit yapmak yoluna gidilir. Bazı arşivlerde ise, konu bildirilerek alınan çalışma müsaadesine göre, hangi tasniflere bakılabileceği hususunda ilgili servis personeli yardımcı olur.

Osmanlı tarihiyle ilgili hemen her türlü araştırmada baş vurulan BOA'da henüz tasnif çalışmaları bitmemiş ve katalog neşrine teşebbüs edilmemiş olmakla birlikte arşivde okuyucuya açık tasnifleri gösteren kılavuzlar bulunmaktadır. Bunlardan ilki, Midhat Sertoğlu'nun *Muhteva Bakımından Başvekâlet Arşivi,* ikincisi Atillâ Çetin'in *Başbakanlık Arşivi Kılavuzu*'dur. İsmet Binark ve Necati Aktaş taraflarından hazırlanan üçüncü katalog ise arabcadır. İkincisinde bazı tasnifler hakkında daha fazla bilgi bulunmaktadır. Meselâ, "*Tahrir Defterleri*"nde aranılan sancak ve kazanın kolayca bulunmasını temin maksadıyla alfabetik bir liste verilmiştir. Başbakanlık Osmanlı arşivindeki en son tasnifleri de ihtiva eden kılavuz ise, Başbakanlık Osmanlı Arşivi yayınları arasında çıkmış bulunmaktadır. *Başbakanlık Osmanlı Arşivi Rehberi* adını taşıyan eser, altı bölüm halinde düzenlenmiş olup defter serilerine ayrılmış olan ilk bölümde, sayısı az olan serilerde defterlerin her birinin, sayıları çok olanlarda ise gruplandırma yapıldıktan sonra konuları, tarihleri ve o gruptaki defter sayısı kayd edilmiştir. Ayrıca Tanzimat öncesi merkez evrakının tasnifleriyle bunlarda kullanılan kodlar ve her birinden belge örnekleri ihtiva eden, bir hey'etce hazırlanmış bulunan *Tanzimat Öncesi Merkez Evrakının Tasnif Kılavuzu ve Belge Örnekleri* adlı eser de bir kılavuz niteliğindedir.

Bunun gibi, *Tahrir* defterleri için de alfabetik kaza adları fihristi hazırlanarak, her birinin hangi numaralı defterde bulunabileceği gösterilmiştir.

Dîvân-ı Humâyûnda alınan kararlarla gönderilen hükümlerin kayıdlarını ihtiva eden *Mühimme* defterlerinin her birinin cinsi (-normal mühimme, ordu veya rikâb mühimmesi-) ile hangi tarihler arasındaki hükümleri ihtiva ettiğini gösteren bir liste ise dört kılavuzda da bulunmaktadır. Ancak son yıllarda hızlandırılan tasnif çalışmaları neticesinde yeni bazı fonlar araştırmaya açılmış olup bunlara âid kataloglar da diğerleri gibi henüz daktilo olarak araştırıcıların istifadesine sunulmuştur.

TSMA'nin kataloğu hayli eski bir tarihte hazırlanmaya başlanmış, ancak iki cildi basıldığı halde diğerleri arşivde el yazısı olarak istifadeye sunulmuştur. Daha sonra bunların kifâyetsiz oldukları görüldüğünden belgelerin, yeniden gözden geçirilerek, tasnifine başlanmış; fakat bir karışıklığa meydan verilmemek için eski numaralarda değişiklik yapılmamıştır. Bundan dolayı bazan hayli büyük sayıda belgenin aynı numara altında toplandığı görülmektedir.

Bu ikinci tasniften sonra hazırlanan katalogda belgelerin diplomatik açıdan tertibi yoluna gidilmiştir. Henüz fermanlarla hükümler ve beratlara ayrılmış ilk iki fasikülü yayınlanmıştır[6]. Diğerlerinin dizgi ve baskı işlerinin uzayacağı düşüncesinden hareketle, araştırıcıya kolaylık sağlamak üzere, belge özetleriyle özelliklerini gösteren fişlerin fotokopileri yapılarak, grup grup araştırıcıya açılmaktadır.

Bunlar dışındaki arşivlerde, ancak arşiv içinde kullanılmak üzere hazırlanmış, matbu olmayan kılavuz veya fihristlerden faydalanılabilir.

C. Arşiv Katalogları ve Fişlerin Taranması

1. Arşiv Tasnifleri Hakkında Önbilgi

Arşivlerin bir kısmında tasnif edilmiş belgelerin daktilo veya el yazılı -ki bunların da bir kısmı eski, bir kısmı yeni harflerledir- katalogları, bir kısmında ise fişleri vardır. Hangi şekilde olursa olsun, tasnife girmiş bütün belgelerin, tasnif içindeki numaraları, tarihleri, eğer tarih ihtiva etmiyorlarsa tasnif hey'etince konu-

6 İsmail Hakkı Uzunçarşılı - İbrahim Kemâl Baybora - Ülkü Altındağ (haz.), *Topkapı Sarayı Müzesi Osmanlı Saray Arşivi Kataloğu I. Fermanlar*, Ankara 1985; *II. Hükümler-Beratlar*, Ankara 1988.

lan tahmînî bir tarihleri ve kısa özetleri bulunmaktadır. Tarama sırasında bunlar, tek tek okunacak, araştırma konusunun kapsamına girenler fişlenecektir. Bazı numaralar birden fazla belge ihtiva ederler. Böyle olanlarda her belge ikinci bir numara veya harfle gösterilmiştir. Meselâ BOA'da Hatt-ı Humâyûn (HH) tasnifi belgelerinde ikinci işaret olarak harf kullanıldığı (A, B, C gibi) halde İrade tasnifi belgelerinde rakam (1, 2, 3) verilmiştir. Her iki tasnifin kataloglama şekli de farklıdır. HH'larda *melfuf* veya *lef* de denilen her ek, katalogda ayrı gösterilmiştir ve belge istenirken de her biri için ayrı bir fiş doldurulması gerekmektedir. Tarama sırasında bunun dikkate alınması lâzımdır. Aynı durum TSMA belgeleri için de söz konusudur. Halbuki İrade tasnifindekiler tek numara ile istenmekte ve bütün ekler birlikte gelmektedir.

Arşiv malzemesi tek belgelerden ibaret değildir. Bir de defter grubu vardır. Bunların çoğu sûrettir. Meselâ *Mühimme, Şikâyet, Ahkâm, İzn-i Sefine, İmtiyaz, Mukavele, Tevcihat* gibi defterler asılları Dîvân-ı Humâyûn veya Bâbıâlîden ilgili yerlere gönderilen emir, hüküm, vs. nin sûretlerini ihtiva etmektedir. Emânetle idare edilen bazı mukataalarla mahallinde yapılan harcamaların kadı tarafından tasdik edilip mühürlenmiş defterleri ise orijinal defterlerdir.

Belgelerden HH, İrade tasnifleri ile Ali Emirî, Muallim Cevdet (Cevdet tasnifi) ve İbnülemin Mahmud Kemâl İnal (İbnülemin tasnifi) taraflarından vaktiyle yapılmış olan tasniflerle son yıllarda açılan fonlardan Dîvân-ı Humâyûn kalemleri belgeleri (A.DVN, A.ŞKT, A.NŞT, A.RSK, vs.) orijinaldir. Aşağı kademedeki bir vazifelinin arizasından veya herhangi bir şahıs yahut grup tarafından verilen arzuhalden başlayarak, bürokrasideki merhaleleri ihtiva etmekte; ilk iki tasnifde olay Padişaha kadar gelmektedir. Hatt-ı humâyûn, Padişahın, Sadrazamın telhis veya takriri üzerine, mesele hakkındaki emir veya görüşünü bildirdiği belgedir. II. Mahmud devrinde yapılan yenilikler ve nezaretlerin kurulmasıyla bu sistemde değişiklik olmuş; artık sadrazam, telhislerini Mabeyn Başkâtibine hitâben yazmağa başlamış; Padişahın cevabı da yine onun vasıtasıyla verilir olmuştur. Bunun için de *irade* adını almıştır.

Cevdet ve İbnülemin tasnifi belgeleri ise Sadrazamın buyuruldularını ihtiva etmektedir. Ancak bunlar içinde de hatt-ı humâyûn bulunanlar olduğu anlaşılmaktadır[7]. Padişahın emri alındıktan sonra ilgili büroda tatbiki için sadrazamın emri gerektiğinden aynı belge üzerinde bir de ilgili merci'e hitâben *buyuruldu* bulunmaktadır.

Bu orijinal belgelerin çeşidli bürolara gönderilen *tezkire* ve *ilmühaber*leri, o

---

7 Bu belgelerin bir kısmının üzerindeki hatt-ı humâyûnlar, vaktiyle kesilip ayrılmışlardır. Hatt-ı humâyûn ve A.AMD tasnifi dosyaları içinde böyle kesilmiş hatt-ı humâyûnlara rastlanmaktadır.

bürolarda ayrı ayrı defterlere işlendiğinden çok kere aynı belgenin, çeşidli defter tasniflerinde birden fazla sûretini bulmak mümkündür.

2. Fişleme

Fişleme sırasında konu ile ilgili bütün belgeler fişlenmelidir. Birinin, diğer bir tasniftekinin sureti olduğuna karar verilse dahi ihmal edilmemelidir. Zira çeşidli tasniflere dağılmış olan bu sûretler, okuma-tasnif ve yazma safhalarında, işin başında tahmin edilemeyecek derecede faydalı olabilirler. Gerçekten özellikle Osmanlı bürokrasisinin işleyişi ve sür'atini tesbit bakımından aynı belgenin çeşitli kalemlerde gördüğü muâmele ve üzerindeki tarihin büyük önemi vardır.

Arşiv fişleri de kitab fişleri eb'adında olacaktır. Sağ üst köşeye arşiv, tasnif ve numara, sol üst köşeye belgenin tarihi, fişin orta kısmına ise belgenin katalogdaki özeti yazılmalı, belge cinsi de kaydedilmelidir. *Arz, telhis, takrir, şukka* gibi. Hatt-ı hümâyûnlu belgelerde katalogda hangi padişahın hattı olduğu kayıtlı ise bu husus da fişe işlenmelidir. Bazı müşkillerin hallinde, ileride bu bilgilere de ihtiyaç duyulacaktır.

Arşivdeki bazı tasniflerin kısımları vardır. Meselâ İradeler a) Dahiliye, b) Hariciye, c) Meclis-i Vâlâ, d) Meclis-i Mahsus, e) Şûrâ-yı Devlet gibi kısımlara ayrılmıştır. Cevdet ve İbnülemin tasniflerinde de böyle sınıflandırmalar görülür. Bu gibi tasniflerde belge tesbit edilirken tâlî kısmın da mutlaka ilâvesi lâzımdır. İrade tas. nr. 326, Cevdet tas. nr. 3287, İbnülemin tas. nr. 1493 veya Ali Emirî tas. nr. 156 hiçbir şey ifade etmez. Ancak İrade-Dahiliye, nr. 326, Cevdet-Askerî, nr. 3287 vs. şeklinde yazılırsa mânâ kazanır.

Kâmil Kepeci tasnifi defterleri ile yeni yapılmakta olan tasniflerde ise çıktığı kalem esas alınmıştır. Her kalem için kabul edilen kodlar kullanılır. Yeni yapılan tasniflerde *provenans sistemi* denilen, belgenin çıktığı kaleme göre kodlanması prensibi esas alınmıştır. Ancak, aynı kalemden çıkmış defter ve belgeler aynı kodu taşıdıkları halde, her biri kendi içinde numaralanmış bulunduğundan, birbirinden ayırd edilebilmelerini temin maksadıyla, belgeleri gerek isterken, gerekse referans verirken dosya veya defter olduğunu belirtmek icab eder.

Fiş yaparken zamandan tasarruf için bazı şeylerin kısaltılması yoluna gidilebilir. Meselâ Başbakanlık Osmanlı Arşivi için «BOA», Topkapı Sarayı Arşivi için «TSMA», İstanbul Müftülüğü Şer'î Siciller Arşivi için «ŞSA», vs. kullanılabilir.

Tasnifler ve kısımları da kısaltmalarla gösterilir. Hatt-ı Hümâyûn tasnifi için

«HH», Maliyeden Müdevver Defterler tasnifi için «MAD»kullanılır, diğerleri de uygun birer rumuzla kısaltılabilir. Ancak bu kısaltmaları yaparken iki ayrı şey için aynı kısaltmayı kullanmamaya dikkat etmek lâzımdır. Meselâ, hem İrade hem İbnülemin için «İ» kullanılırsa, ilerde işin içinden çıkmak mümkün olmaz. Bunun için meselâ birincide «İ», ikincide «İE» şekli tercih edilebilir. «İrade» kelimesi kısa olduğundan tamamı da yazılabilir. Bunun gibi «Dahiliye-Darbhane», «Belediye-Bahriye», «Saray-Sıhhiye» gibi aynı harfle başlayan iki kısım kullanılacaksa ayrı ayrı kısaltmalar hazırlanır ve hangisi için nasıl bir kısaltma kullanılacağı mutlaka ayrı bir kâğıda yazılıp saklanır. Kitapta kullanılan kısaltmalar liste halinde verileceğinden bu çok mühimdir.

Hicrî ay adları da kısaltma ile gösterilmelidir. Tabiî bunlar, arşiv çalışması yapacak her araştırıcının daha önceden öğrendiği, öteden beri kullanılan rumuzlar olacaktır. Maamafih burada bir kere daha hatırlatılmasında fayda vardır.

Muharrem	M	Receb	B
Safer	S	Şa'ban	Ş
Rebi'ülevvel	RA	Ramazan	N
Rebi'ülâhır	R	Şevval	L
Cemâzıyelevvel	CA	Zilka'de	ZA
Cemâzıyelâhır	C	Zilhicce	Z

Aşağıdaki fiş, Cevdet tasnifi İktisat kısmında yer alan bir belgenin tasnif hey'etince yapılan özetini ihtiva etmektedir. Böyle uzun özetlerde araştırıcı, mühim noktaları bozmadan bilgiyi kısaltma yoluna gidebilir. Meselâ, «Devlete gelir temini yanında esnaf ve tüccara hizmet gayesiyle kurulan İzmir İhtisab Nezâretinin vazifelerini, ticaret hanlarındaki tüccarın tâbî olacağı tekâlifi hâvî ilmühaber» denebilir. Hatta kuruluş gayesi de ihmal edilip sadece «İzmir İhtisab Nezâretinin vazifeleri ve ticaret hanlarındaki tüccarın tâbî olacağı tekâlifi hâvî ilmühaber» diye de kaydedilebilir.

Ancak bu kısaltmalarda vesikanın esas unsurunun ne olduğuna iyi karar verebilmek lâzımdır.

Arşivlerde kodlama ve numara veriş şekilleri tasniften tasnife değişebilmektedir. Belgeler tesbit edilirken bu husûsa çok dikkat edilmesi, isteme fişinde hangi hususların yer alması gerektiğinin iyi bilinmesi lâzımdır. Meselâ BOA Yıldız Sarayı esas belgeleri isteme formu dahi diğerlerinden farklıdır. Sırasıyla kısım, evrak, zarf ve karton olmak üzere dört ayrı numara yazılması gerekmektedir. Evrak numarasında bazan ikinci bir rakam daha ortaya çıkmaktadır. Bunun için belge numarasını yazarken «kısım 18-evrak 528/237-zarf 128-karton 26» şeklinde kaydedilmelidir. Bu sırada yapılacak bir yanlış veya eksiklik, istenilenin dışında bir belgenin gelmesine sebep olabilir. Bu da hem araştırıcı için zaman kaybı, hem de depo görevlileri için lüzumsuz bir mesâî demektir.

Arşiv kataloğundan çıkarılan bir fiş örneği

29 S 1244	BOA, Cev-İ, nr. 1234

İzmir'de İhtisab Nezâretinin tesisinde istihdaf edilen maksad yalnız Devlete vâridat temini olmayıp esnafa ve tüccarın alışverişine, halkın rahat ve refahına hizmet etmek olduğundan İhtisab Nezâretinin vazife ve mesâîsine ve ticaret hanlarındaki tüccarın tâbî olacakları tekâlife dair tafsilâtı hâvî ilmühaber.

Arşiv malzemesi içindeki defterlere gelince: Kataloglarda sadece mâhiyetleri hakkında bilgi bulmak mümkündür. İlk yetmişüç *Mühimme*nin ise hüküm özetleri

Mühimme defterinden bir hüküm fişi

13 Ş 975	BOA, *MD*, VII, 303/863

Her sene Mısır'dan İstanbul'a gelen pirinç, mercimek, nohut bu sene noksan gelmekle Selânik'e ve Firengistan'a verilmeyip İstanbul'a gönderilmesi için Mısır Beğlerbeğisine hüküm.

vardır. Bir sayfada genellikle birden fazla hüküm bulunduğundan özet fişlerinde defter numarası yanında sayfa ve hüküm numaralarını da yazmak lâzımdır.

Fişin sağ üst köşesindeki kısaltma *Mühimme Defteri* olduğunu, romen rakamı cild, virgüden sonraki arab rakamlarından ilki sayfa, ikincisi hüküm numarasını göstermektedir. Sayfa ve hüküm numaraları arasına «/» işareti koymak kâfidir.

Hükümleri numaralanmamış defterlerde, kullanılanın, o sayfadaki kaçıncı hüküm olduğu gösterilir. «s. 87/3» veya «vr. 37/8» gibi. Hüküm müteâkib sayfada devam ediyorsa iki sayfayı birden vermek yeterlidir.

Arşivden bazı defterler münhasıran bir konuya tahsis edilmiş bulunmaktadır. Bu tip bir defter şöyle fişlenir:

1254 -56	BOA, *MAD*, nr. 12063
Zeytinyağı teslimat defteri	

Bir katalog bittikten sonra tesbit edilen belgeler istenir; okunup istinsah edilir. Eski yazı eserlerde olduğu gibi notlar, burada da eski yazı ile alınmalıdır. Arşiv belgelerinin okunması, yazma eserlere nazaran çok daha güçtür. Zîrâ çoğu *dîvânî* yazı ile kaleme alınmışlardır. *Siyakat* denilen noktasız yazı ile yazılanlar da az değildir. Tahrir defterleri ve maliye ile ilgili kayıdlar bu yazı iledir. Onun için araştırıcının başlangıçta güçlüklerle karşılaşması ve bazı kelimeleri yanlış okuması veya hiç okuyamaması mümkündür. Okunamayan kelimeler, belgedeki şekline benzetilerek yazılır, başka bir ifadeyle *resmi yapılırsa,* değerlendirme sırasında üzerinde düşünülerek çözülmesi kabil olabilir.

Tabiî arşiv çalışmalarında da en emin yol belgenin fotokopisinin alınmasıdır.

Fakat bazı arşivlerde alınabilecek fotokopi mıkdarı muayyen poz sayısı ile sınırlandırılırken bazısında sadece mikrofilmden fotoğraf yaptırılabilmekte, bazı arşivlerde ise bu imkânların hiçbiri bulunmamaktadır. Onun için istinsahtan başka çare kalmamaktadır.

D. Not Alınması

Arşiv belgelerinden not almak için de yine kitab fişlemekte kullanılan eb'adta kâğıtlar hazırlanır. Belgenin, not fişinde sağ üst köşeye kaydedilen künyesi aynen buraya geçirilir ve yine üç-dört cm.lik bir marj bırakılarak kopye edilir. Tabiî kâğıdın yalnız bir yüzü kullanılır. Belgenin uzun olması halinde müteâkib yapraklara künye aynen geçirildikten sonra, «2, 3» gibi sayfa numaraları konur. Belgenin tamamı yazıldıktan sonra derkenar, tarih veya herhangi başka bir şey olup olmadığına bakılır; varsa bunlar da yerleri belirtilerek kaydedilir ve arka yüzü çevrilir. Bazan arka tarafta - tasnifde verilmiş numaralar hariç - başka kayıtlar da bulunur. Meselâ bir beratta arkada imzalarından başka « حرمين » (Haremeyn) veya « محاسبه ل » (Muhasebe-i evvel) gibi kalemlerini gösteren kayıtlarla kadı hücceti sureti de bulunabilir. Bunlar, ayrı bir sayfaya *arka yüzü* olduğu belirtilerek kopya edilir. Her şeyin tamam olup olmadığı bir kere daha kontroldan geçirilip aynı belge için kullanılan kâğıtlar, eğer mümkünse hemen, değilse ilk müsait zamanda bir ataş veya iğneyle tutturulur ve ikinci belgenin okunmasına geçilir.

Arşiv belgelerinden fotokopi alınması halınde, fotokopilerin sağ üst köşesine arşivi - tasnifi - numarası (ve varsa lef numarası)nın yazılması unutulmamalıdır. Birkaç poz olarak çekilmek mecburiyetinde kalınan büyük belgelerde her pozun üzerine künye yazılması gerektiği gibi, o pozun belgenin hangi parçası olduğunun da işaret edilmesi icab eder. İki poz olanlarda "üst", "alt", dört poz olanlarda "sağ üst", "sol üst", "sağ alt", sol alt" gibi not konulmalıdır. Arkada "hüccet-i zahriyye" denilen kadı hücceti sureti, vs. bulunuyorsa, bunun da fotokopisi alınır. Küçük notlar ve imzalar yahut paraflar varsa fotokopinin altına veya arkasına, yahut da ayrı bir kâğıda "arkada" olduğu belirtilmek üzere kopya edilir. Ayrı bir kâğıda yazıldığı takdirde belgenin künyesinin konması ve kâğıdın fotokopilere rabt edilmesi unutulmamalıdır.

IV. MADDİ ve SÖZLÜ MALZEMENİN TESBİTİ

Araştırmanın tamamlanabilmesi için her zaman yazılı malzeme yetmeyebilir. Konu icabı olarak saha araştırması, yahut sözlü olarak bilgi toplanması da gerekebilir.

Arşiv belgesinden alınmış not örneği

BOA, İrade - D., nr. 93993

يلدز سراى همايونى

باش كتابت دائره‌سى

معلوم سامئ صدارتپناهيلرى اولديغى اوزره ازمير
ريختملرى صاحبى موسيو دوسونك مذكور ريختملر
امتيازينى ديكر بر اجنبى قومپانيه‌يه فروخت ايده‌جكى
مسموع عالى اولمسى اوزينه اشبو ريختملرك تكرار
اجنبى يدينه كچمسى محذورينه محل قالمه‌مق ايچون
امتياز مذكورك مبايعه‌سى ضمننده بعض تدابره تشبث
اولنمش ايسه‌ده اولبابده تامين مقصده كافى هنوز بر
نتيجه حاصل اوله‌مديغندن مذكور ريختملر ايلروده
صرف عثمانلى بر شركت تشكيلنده تيسر حصولى حالنده
شركت مذكوره‌يه احاله قلنمق و شمديلك ايجار صورتيله
اداره ايتديرلمك اوزره بونك واردات حاضره‌سنك
قارشولق اتخاذيله و معتدل فائض ايله بر استقراض
عقد ايديله‌رك الده ايديله‌جك اقجه ايله مذكور
امتيازك دولت نامنه اوله‌رق .... تبليغنه
مسارعت قلندى اول بابده امر و فرمان حضرت ولى
الامركدر

فى ٢٦ ربيع الاول ٢٠٨ ٢٨ تشرين اول ٢٠٦

سركاتب حضرت شهريارى

ثريا

A. Saha Araştırması

Arkeoloji, san'at tarihi ve coğrafya araştırmalarında birinci derecede önemi haiz olan saha araştırmalarının, tarihin bazı branşlarında da ihmal edilmemesi gerekir. Bu tür araştırmalar için ilk akla gelen eski çağ olmakla birlikte tarihî coğrafya ve maddî kültür tarihi bakımından da saha araştırmasının önemi büyüktür.

Bir bölgenin tarihî coğrafyası üzerinde çalışılırken her türlü müşkili kitablardan faydalanarak çözebilmek veya haritalar üzerinde tesbit etmek mümkün değildir. Dört-beş asır önceki köylerin bir kısmı haritalardan çoktan silinmiş; bir kısmı ise isim değiştirmiştir. İsim değiştirmeleri hâlâ devam ettiği, bazı iskân yerlerinin adları ise birden fazla değişikliğe uğradığı için İçişleri Bakanlığı'nın değişiklikleri gösteren kitabları da her zaman meseleye çözüm getirmemektedir. Halbuki mahallinde yapılan araştırmalar, her zaman değilse bile, konuya, aydınlığa kavuşma imkânı vermektedir. Bu suretle haritalara girmeyen eski köy harabeleri bulunabilmekte, hatta pek kesin tarihler tesbit edilemese dahi köyün takriben hangi devirde, ne gibi bir sebeble ortadan kalktığı civar köy veya kasabaların yaşlı sakinleriyle yapılan konuşmalar neticesinde ortaya çıkmaktadır. Hatta bunların içinde minaresi kısmen veya tamamen yıkılmakla beraber diğer mîmârî özelliklerini koruyan cami vs. eserlere rastlamak da mümkün olabilmektedir. Buralardaki mezar taşları üzerinde yapılacak araştırmalar da köyün iskânı ve refah seviyesi konularında araştırmacının bazı tahminlerde bulunmasını kolaylaştırıcı rol oynayabilir.

B. Sözlü Malzeme

Özellikle kültür tarihi üzerinde yapılacak araştırmalarda sözlü malzemenin toplanmasına da önem verilmelidir. Büyük şehirlerde tamamen ortadan kalkan bazı maddî kültür unsurlarını, örf, âdet ve gelenekleri Anadolu'nun çeşitli yerlerinde hâlâ bulmak kabildir. Topkapı Sarayı Müzesi'nde bulunmayan eski bir giyecek eşyası Orta Anadolu'nun küçük bir müzesindeki vitrini süslemekte; malzemesi, yapılışı ve onun, zamanındaki önemini aks ettiren bazı hikâye ve fıkralar da yöre halkının ağzından dinlenebilmektedir.

İşte bütün bunlar göz önüne alınarak, bu tip konularla ilgili çalışmalarda, kâğıt ve kalem yine ihmal edilmemekle berabr, *daha ziyade teyp ve foto*ğraf makinesi ile tesbitler yapmak gerekmektedir.

Teyple çalışmanın avantajı, bilgi alınan kimselerin konuşmalarını sonradan tekrar tekrar dinleyip, ayıklamak imkânının olmasıdır.

Dördüncü Bölüm

ESERİN KALEME ALINMASI

I. NOTLARIN TASNİFİ

A. İlk Ayırma

Bir eserin malzemesinin toplanması uzun bir süre alır. Bazı eserler on-onbeş yıllık bir birikim sonunda meydana getirilebilir. Notlar, toplama süresince bir tarafa konur, tekrar elden geçirilmezse, hepsinin birden tasnifi güç olur. Bunun için en pratik yol, başlangıçta kaba bir tasnife tâbi tutmaktır. En doğrusu, bu işin günü gününe yapılmasıdır. Buna imkân bulunmadığı hallerde haftada, on günde bir veya yığılma olmadan ayırmaya gidilmelidir.

1. Bahisle İlgili Not Koyma

Kaynak veya inceleme olsun bütün notlar birer birer okunup neden bahsettiği kâğıdın boş bırakılan sol üst köşesine, kolayca görülecek tarzda yazılır. Hatta, göze çarpmasını kolaylaştırmak üzere renkli bir kalem de kullanılabilir.

Meselâ, XVIII. yüzyıl esnaf teşkilâtı ile ilgili bir araştırmada malzeme «esnafın prensipleri», «lonca idarecileri», «esnaf-devlet münâsebetleri», «esnaf-halk münâsebetleri», «esnaf içi münâsebetler», «gedikler» gibi başlıklar konarak ayrılabilir. Bu ilk notun altına gerek duyulursa, ikinci bir renk kullanılarak, ikinci derecede başlık olabilecek bir not ilâve edilir.

«Lonca idarecileri» başlığını taşıyan notlar, *kethuda, yiğitbaşı, ihtiyarlar*dan hangisi ile ilgili ise alta yazılır. Bu arada gerekiyorsa bir iki kelime veya küçük bir cümle ile açıklama da yapılabilir. «Kethuda seçimi», «kethudanın suiistimali karşısında esnafın tutumu», «narhın tesbitinde kethudanın fonksiyonu» gibi.

Esnaf idarecileri *Kethuda seçimi*	Osman Ergin, *Mecelle-i Umûr-ı Belediye* (MUB), I, İstanbul 1922, s. 678-79

....

....

Bazı hallerde bir fiş üzerinde iki ayrı yerde kullanılabilecek malzeme olur. Kethuda ile birlikte yiğitbaşının da vazifeleri sayılmış bulunabilir. Bunu da fişte belirtmek lâzımdır.

Esnaf idarecileri – *Kethudanın vazifesi* – *Yiğitbaşının vazifesi*	*MUB*, I, 683.

....

....

Böyle durumlarda notlar dosyalanırken, meselâ yiğitbaşı dosyasına, kethuda dosyasına müracaat edilmesi için bir not konmalıdır. Bu suretle yazma safhasında, sırası gelince diğer dosyadaki not çıkarılıp kullanılabilecektir. Böyle bir gönderme yapılmadığı takdirde bilgi fişi diğer dosyada kalan husus, kaleme alma sırasında unutulup ihmal edilebileceğinden başlangıçta dikkatli olunmalıdır.

2. Zarflama - Dosyalama

Toplanan bütün notlar bu tarzda hazırlandıktan sonra her grup ayrı ayrı zarflara konmalı ve zarfın içinde ne ile ilgili notlar bulunduğu da üzerine yazılmalıdır. Tâlî başlıkları taşıyanlar zarflara yerleştirildikten sonra bir dosya, bir kutu veya daha büyük bir zarfın içine konup, bunun da üzerine yine içinde ne olduğu yazılmalıdır. Böylece toplanan malzemenin ilk tasnifi tamamlanmış olur. Artık sıra, bir kere daha elden geçirilip kitabın plânının yapılmasına gelmiştir.

B. Plânın Yapılması

Notların tasnifi ve mantıkî bir silsile içinde sıralanmasıyla eserin ana başlıkları ortaya çıkar. Eğer aynı konuda daha önce yapılmış yayınlar varsa, onlar da plânın tesbitinde faydalı olur. Tabiî, başka bir kimse tarafından meydana getirilmiş bir eserin plânının aynen alınması asla düşünülemez. Ancak, diğer kitapların tertibi incelenir, iyi ve aksak yanları tesbit edilir ve bunların ışığında toplanan notların en iyi şekilde kullanılabileceği bir plân hazırlanır.

1. Plânın Tertibi

Eserin esas konusuna girmeden önce, okuyucuyu hazırlamak üzere, genellikle, bir «giriş»e ihtiyaç duyulur. Bu giriş, ara başlıklar konmadan yazılabileceği gibi, esas bölümlerdeki tasnife uyularak da kaleme alınabilir.

Daha sonra eserin esasını teşkil eden bölümlere geçilir. Her ana başlık bir bölüm îtibâr edilir ve her bölüm, kısım ve fasıllara ayrılır. Ancak alt başlıkların hepsinin bütün bölümlerde kullanılması gibi bir zaruret yoktur. Konuya ve işleniş tarzına göre bazan iki veya üç alt başlık da yetebilir.

Başlıklarda iki ayrı usûl takib edilebilmektedir.

a. *Rakam - Harf Sistemi*

Bu usûlde bölümden fasıla doğru romen rakamı - büyük harf, arab rakamı - küçük harf sıralaması yapılır. Rakam - harf sistemi de iki ayrı tarzda tertip edilebilmektedir. Her iki şekilde de küçük harfe kadarki sıra aynıdır. Bundan sonra,

aa. Küçük harften sonraki başlık çift küçük harf olmakta

I.

  A.

    1.

      a.

        aa. veya

ab. Çift küçük harf yerine tekrar arab rakamına ve küçük harfe dönülmekte, fakat üçüncü ve dördüncü derecedeki başlıklarla karışmasını önlemek üzere her ikisi de bu defa parantez içinde gösterilmektedir. Bu alt başlıkların da yetmemesi halinde küçük romen rakamına geçilmektedir.

I.

A.

1.

a.

(1)

(a)

ı)

ıı)

b. *Ondalık Sistem*

Bu sistemde bölüm, kısım, fasıl başlık ve alt başlıklarda hep rakam kullanılmaktadır. Fakat kısımda bölüm, fasılda yine bölüm ve kısım numaraları da tekrarlanmaktadır.

1.

1.1.

1.1.1. gibi.

Bu rakamlardan birincisi bölüm, ikincisi kısım, üçüncüsü fasıla âittir. Bu sistemde alt başlıklar istenildiği kadar arttırılabilmektedir. 2.1.3.4. şeklindeki bir numaralandırma 2. bölüm, 1. kısım, 3. faslın 4. alt başlığını göstermektedir.

Bu sistem son senelerde bazı araştırcılar tarafından benimsenmiş görünmekte ise de rakam - harf sistemi çok daha yaygın ve anlaşılır bir sistemdir. Beş alt başlığı geçmeyecek olanlarda çift küçük harf kullanılan şekil tavsiyeye şâyândır.

Makale plânları ise genellikle bu kadar teferruatlı olmamaktadır. Özellikle küçük hacimlilerde bir iki başlık yetebilmektedir.

2. Plânların Konulara Göre Özellikleri

Plânlarda bölüm, kısım ve fasıllarda takib edilecek sıra, konulara göre özellikler gösterir.

a. *Biyografi*

Bunlar, şahısların hayat hikâyeleri oldukları için takib edilecek plânın ana başlıkları bellidir. Eserin yazılmasına vesile olan şahsın, sırasıyla I. Hayatı, II. Şahsiyeti, III. Eserleri incelenir.

Hayatı bölümünde ilk olarak âilesi, yetiştiği çevre, doğumu, çocukluğu ve tahsili üzerinde durulur. Fakat, biyografisi hazırlanmak istenen herkesin hayatının bu safhası hakkında tafsilâtlı bilgi bulmak kabil olmayabilir. Otobiyografi bırakmış olanlar, devrinde veya yaşadığı devre yakın bir tarihte hakkında müstakil eser yazılmış bulunan şahıslar üzerinde çalışanlar, şanslıdırlar. Çünkü bu gibi eserler hayli teferruatlı bilgi ihtiva eder.

Yazılacak biyografinin plânı, toplanacak bilgilere göre geniş veya muhtasar olacaktır. Meselâ, XIX. yüzyılda yetişmiş çok yönlü bir şahsiyet olan Cevdet Paşa, *Tezâkir*'inin 40. tezkiresinde[1] otobiyografisini verdiği gibi gerek bu eserinde, gerekse *Ma'rûzât*'ında memuriyetle gönderildiği yerlerdeki icraatından da hayli mufassal olarak bahsetmektedir. Arşiv ve kütübhanelerdeki evrakı arasında da kendi ve âilesi ile ilgili hayli bilgi bulunmaktadır. Bütün bunlar, Cevdet Paşa'nın, birçok kimseye nasib olmayacak tarzda bir biyografisini yazma imkânı vermektedir.

Âile ve tahsilden sonra sıra şahsın, kariyerindeki faaliyetlerine gelir ki özellikle devlet adamlarının biyografilerinde en hacimli kısım budur. Aldığı memuriyetler, icraatı hep burada anlatılır. Tabiî her vazife veya faaliyet için yeni fasıllar açılır.

İkinci bölümde şahsiyeti ve eğer biliniyorsa soyundan gelenler üzerinde durulur.

Üçüncü bölüm eserlerine ayrılır. Müellif, şâir, mimar, hattat, müzehhib gibi eser sahibi olanların eserleri, özelliklerine yer verilerek incelenir. Bazı şahsiyetler ise birkaç sahada eser vermişlerdir. Bu gibi hallerde her özelliği ayrı bir kısımda ele alınır.

Bazı şahsiyetler, kendileri ilim veya san'at değeri olan eserler vermemiş bulunabilirler, fakat yad edilecekleri vakıflar tesis etmiş, hayır eserleri bırakmışlardır. Bunların eserleri bölümünde de «Hayır Eserleri»nden bahsedilecek, varsa vakfiyeleri ve yaptırttıkları eserler tanıtılacaktır.

---

1 Cavid Baysun neşri, IV, Ankara 1967.

b. *Siyâsî - Askerî, Sosyal - İktisâdî Konular*

İki devlet arasındaki siyâsî münâsebetlerin konu edildiği bir eserde münâsebetlerin daha önceki safhaları girişte verilir. Münâsebetler bir harb ile neticelenmişse sebebleri ve hazırlık safhası birinci bölümde, seferin gelişmesi ikinci bölümde, mütareke ve sulh anlaşması ile galib tarafın tutumu üçüncü bölümde incelenir. Konunun ve malzemenin mâhiyetine göre bölüm sayısı arttırılıp azaltılabilir.

Bir devletin kuruluşu ve dünyaca tanınmasını hazırlayan bir sulh de başlı başına bir eserin konusu olabilir. Lozan sulhu ile ilgili olarak yazılmış kitablar buna güzel bir örnektir.

Burada sulhu hazırlayan sebepler, yani harb, girişte incelenebilir. Böyle bir eserde giriş biraz geniş tutulabilir. Eserin bölümlerinin tamamı sulh müzâkerelerine hasr edilmek isteniyorsa silâhların bırakılmasını sağlayan mütârekeye de girişin bir kısmı olarak yer verilir.

Sulh masasına oturma teşebbüslerinden başlanarak, müzâkerelerdeki merhaleler bölümlerde incelenir. Tabiî, eserin kaç bölümden meydana geleceği, bölüm, kısım ve fasıl başlıklarının neler olacağı malzemeye göre tayin edilecektir. Meselâ Lozan için I. İlk safha, II. Kesinti sırasındaki siyâsî faaliyetler, III. İkinci safha, IV. Muâhedenin tahlîli gibi bölümler düşünülebilir.

Sosyal ve iktisâdî tarih ile ilgili eserlerde bir devletin veya bir devrin sosyal veya iktisâdî gelişmesi, yahut çöküşü konu olarak seçilebilir. Bu takdirde de girişte hazırlayıcı sebeplerden bahsedildikten sonra gelişme veya çöküş, her merhale bir bölüm oluşturacak şekilde plânlanarak yazılır.

Son yıllarda tarihî coğrafya - bölge - şehir tarihleri üzerindeki çalışmalar hayli artmıştır. Bunlarda bir bölge veya şehir coğrafî, iktisadî, sosyal ve demografik yönleriyle incelenmektedir.

Eğer esas konu meselâ XVI. yüzyıl gibi muayyen bir zamanla sınırlandırılmışsa girişte coğrafyası ve ilk çağlardan îtibâren tarihi ana hatlarıyla verilir. Bölümlerde ise I. Şehir veya şehirleri idarî taksimat, nüfus, iktisadî ve sosyal hayat, tarihî eserler; II. Kır yerleşmeleri; III. Bölgedeki ziraat ve hayvancılık ayrı ayrı incelenir.

c. *Müessese ve Teşkilât Tarihi*

Bu tip eserlerde, müessesenin daha önceki devirlerdeki durumu giriş kısmında incelenir. Konu bir Osmanlı müesessesi ise, varsa Osmanlılardan önceki Türk ve İslâm devletleriyle Bizans'daki benzerlerinden; Avrupa'daki bir müessese ise eski Yunan ve Roma yahut Ortaçağ Avrupa devletlerindeki benzerlerinden bahseden bir giriş yapılır. Bölümlerde ise, müessesenin I. Kuruluşu ve tarihî tekâmülü; II. İşleyişi; III. Büroları ve personeli; IV. Islahat teşebbüsleri ve nihayet ortadan kaldırılışı anlatılır.

d. Genel Tarihler

Bir devletin veya bir toplumun tarihini bütünüyle inceleyen eserlerde ise plân biraz farklı yapılır. Bir devletin kuruluşundan çöküşüne kadar olan safhaları her yönüyle inceleniyorsa siyâsî, sosyal, iktisâdî tarihi, teşkilâtı, hukuk sistemi, edebiyatı vs. için ayrı bölümler tahsis edilir.Tabiî her bölümde kısım, fasıl ve alt başlıklar bulunur. Diğer bir şekil olarak da bölümler, devletin, kuruluş, yükseliş, çöküş gibi alışılagelmiş devirlerine göre tanzim edilip, siyâsî, iktisâdî, vs. durumları her devirde ayrı ayrı incelenir. Plânın şu veya bu şekilde tertibi, eserin yazarının tercih edeceği bir husustur.

Ortaasya Türk devletleri tarihi veya Anadolu beylikleri gibi birden fazla devleti konu alan eserlerde ise genellikle her devlet için bir bölüm ayrılır[2].

II. YAZMA

A. İlk Kaleme Alış

1. Notların Okunması

Plân tamamânlandıktan sonra not dosyalarının bu plâna uygun sıralanıp sıralanmadığı kontrol edilir. İlk olarak birinci bölümün birinci faslına âid dosyanın içindeki malzeme çıkarılıp bir kere daha dikkatle okunur. Bu arada masanın üzerinde bir lügat ile lüzumlu bazı müracaat kitablarını bulundurmayı da ihmal etmemelidir. Notların okunması sırasında ihtiyaç duyulduğu takdirde, kenardaki marj kısmına, yazarken kolay hatırlamayı temin etmesi bakımından, kurşun kalemle bazı notlar da alınabilir.

O fasla âid bütün malzeme okunup iyice hazmedildiğinde artık zihinde, bir şekil meydana gelmiştir. Bu şekli kaybetmeden hemen yazmaya başlamak lâzımdır. Hattâ yeni başlayanlar için, herhangi bir bilginin ihmal edilmesini önlemek üzere, belgenin özetinin çıkarılması, belgedeki bilgilerin madde madde yazılması çok daha uygun olur.

---

2 Çeşitli konulardaki plân örnekleri için eklere bakınız.

Yazma sırasında notlar, masa üzerinde serili vaziyette durmalı ve gerektikçe müracaat edilmeli, işi tamamlanan not üzerine, kullanıldığına dair bir işaret konularak diğerlerinden ayrılmalıdır. Yazmanın mürekkebli kalemle değil, kurşun kalemle yapılması, yazılan cümleyi değiştirmek gerektiğinde, silme imkânı olması bakımından tercihe şâyândır. Bu suretle kâğıt üzerinde karalamalar olmayacak, okuma sırasında rahatsız edici bir manzara ile karşılaşılmayacaktır.

Aslında bilgisayarın günlük hayatımıza girmesi ile el yazılı müsveddeler de yavaş yavaş terkedilmektedir. Bilgisayarda yazılan yazılarda düzeltme ve ilâvelerin çok kolaylıkla yapılması el yazısı ile müsveddeye ihtiyaç duyulmadan doğrudan doğruya temizinin yazılmasına imkân vermektedir. Ayrıca, bazı araştırmalarda mutlaka bulunması gereken tablo ve grafikler de bilgisayarda en iyi şekilde yapılabilmektedir. Bilgisayarda notların yazımı da bir problem olmaktan çıkmıştır. Notların sayfa altında veya metin sonunda istendiğine dair komut verildikten sonra artık her şeyi bilgisayar ayarlamakta, araya yeni bir bilgi ilâve edilince, notu da gerekli yerine yerleştirerek not numaralarını kendisi yürütmektedir ki, elle yazmada bu gerçekten çok yorucu bir iştir. Hele, metin daktilo edildikten sonra bir paragraf ilâvesi çok daha güçtür. Bilgisayar kullanımı bu bakımdan da büyük rahatlık getirmiştir. Çok yakın bir gelecekte bilgisayarın daha da yaygınlaşması ile bilinen klâsik metodlarla yazma işi herhalde tarihe karışacaktır.

2. İfade

Bir kitabın ifadesinin çok mühim olduğunu hiçbir zaman hatırdan çıkarmamak gerekir. İyi, düzgün, anlaşılır bir Türkçe kullanılmalıdır. Güçlükle anlaşılacak Osmanlıca kelimeler kadar, kimsenin anlayamayacağı yeni ve uydurma kelimeler kullanılmaktan da sakınılmalıdır. Cümlenin bütün unsurları Türkçe dilbilgisi kurallarına uygun olarak sıralanmalı, devrik cümleye asla rağbet edilmemelidir. Bir paragraf içinde peş peşe gelen cümlelerde kullanılan zamanların da uyum içinde olması gerekir. Geniş zaman - «di»li geçmiş - şimdiki zaman - «miş»li geçmiş zaman rahatsız edecek şekilde birbirini takib etmemelidir. Bir cümle içinde zarûret olmadıkça, aynı kelimenin tekrarından sakınmalıdır. Hele üç dört defa arka arkaya kat'iyyen kullanmamalıdır. Yine bunun gibi, arka arkaya iki cümle aynı fiille bitirilmemelidir. Özellikle «etmek» ve «olmak» yardımcı fiilleri Türkçe'de fazla kullanıldığından buna bilhassa îtinâ göstermek gerekir. Meselâ, eğer uygun gelirse, «olmak»lardan biri «bulmak» yapılabilir veya buna imkân yoksa, esas fiil, mânâ bozulmayacak şekilde değiştirilir.

Ancak bu ifade hususiyetlerine dikkat ederken zihinde şekillendirilen fikirlerin seyrinin bozulmaması çok önemlidir.

Üzerinde hassasiyetle durulması gereken bir husus da eserdeki ifadenin tamamen yazarın kendi malı olması keyfiyetidir. Çeşitli kitablardan alınmış pasajların birleştirilmesi veya beğenilen cümlelerin birbirine eklenmesinden şiddetle sakınmak gerekir. Bir pasajın aynen verilmesinin, fikri daha kuvvetlendirip mânâlandıracağı düşünülüyorsa, alınan kısım mutlak surette tırnak içinde gösterilmeli ve nereden alındığı da dipnotunda belirtilmelidir. Sık sık aktarma yapılmasına olduğu kadar, kitabtan veya belgeden uzun pasajlar verilmesine de rağbet edilmemelidir. Bu gibi durumlar okuyucuyu hem sıkar, hem de eser sahibinin iyi bir sentez yapamadığı fikrinin uyanmasına sebeb olur.

3. Fikirlerde Tamamlayıcılık

Fikirler kâğıt üzerine dökülürken, o konuda söylenmesi lâzım gelen şeylerin sırayla ve hiçbir şey atlanmadan, okuyucuya «ne?», «neden?», «niçin?» sorularını sordurmayacak şekilde tam olarak ifade edilmesi gerekir. Tabiî bazı meselelerde kaynak yetersizliği dolayısıyla bazı soruların yazar tarafından da cevaplandırılabilmesi mümkün olmayabilir. Bütün gayretlere rağmen aydınlığa kavuşturulamayan noktalar kalmışsa, bunlar, duruma göre metinde veya sayfa altı notlarında belirtilir. Bu suretle o sorunun cevabının neden verilemediği, okuyucuya önceden bildirilmiş olur.

Bir fasla veya yeni bir paragrafa başlarken, bununla bir önceki arasında bir köprü kurulmaya dikkat edilmelidir. Fikirler kopuk olmamalı, söylenenler havada, âdetâ asılı kalmamalıdır.

4. Dengeli Hacim

Yazma sırasında dikkat edilecek bir husus da bölümlerin hacim bakımından çok büyük farklılık göstermemeleridir. Meselâ, I. bölüm 100 sayfa, II. bölüm 15 sayfa olmamalıdır. Eldeki malzeme değerlendirilirken denge sağlanmaya çalışılmalıdır. Uzun olanın biraz kısaltılması veya kısa olanın genişletilmesi yahut da konu, bölümler arasında geçişe imkân veriyorsa kaydırma yapılması yoluna gidilmelidir.

5. İmlâ

İfadenin anlaşılır olması, sağlam bir Türkçe kullanılması yanında imlâya da çok dikkat edilmesi gerekir. Lâtin alfabesinin kabûlünün üzerinden yarım asrı aşkın bir zaman geçtiği halde hâlâ imlâ kuralları tam mânâsıyla oturmuş değildir. Başka bir ifadeyle herkes kendine göre bir şekil takib etmekte; hattâ, bir kelimenin, aynı kitab içinde değişik imlâlarla yazılmasına da rastlanabilmektedir. Özellikle Arabca ve Farsca terkibli kelimelerin imlâsı şahıstan şahısa da değişmektedir. Halbuki, Türkçeleşmiş olan bazı kelimelerin düz yazı dilinde terkibli olarak gösterilmelerine ihtiyaç yoktur. "Bâb-ı âlî", "sadr-ı âzam", "reisü'l-küttab", "şeyhü'l-islâm" imlâları artık sadece metin neşirleri ve eski metinler yahut arşiv belgelerinden yapılan iktibaslarda kullanılmalı, düz yazılarda *"Bâbıâli", "sadrazam/ sadrıâzam", "reisülküttab"* ve *"şeyhülislâm"* şeklinde yazılmalıdır. Osmanlıcadan aynen aktarmalarda "elif-lâm" harf-i tarifinin kullanıldığı kelimelerin yazılışında dikkat edilecek bir husus da bunların "nakib el-eşrâf" veya "rebi'el-evvel" gibi "el" ayrılarak değil Osmanlıca telâffuzuna uygun olarak *"nakibü'l-eşrâf"* ve *"rebi'ü'l-evvel"* şekillerinde yazılmalarıdır.

İmlâ konusunda, aşırıya kaçmamak şartıyla, uzun ve ince hecelerin doğru okunmasını temin maksadıyla, üzerlerine aksan konulmasına da özen gösterilmelidir. *Hâlâ* kelimesinin aksansız yazılması halinde babanın kardeşi "hala"; *dâhî*nin aksansız yazılması halinde "dahi" gibi tamamen farklı mânâlar ifade eden kelimeler ortaya çıkabilmektedir. Bunun gibi, *kâğıt* "kağıt", *şikâyet* "şikayet", *yekûn* "yekun" şeklinde yazılırsa yanlış okunması pek âlâ mümkündür. Özellikle "kaf", "kef" ve "gayın" harflerinin önündeki "elif" ve "vav"ların hangisine aksan konulacağı, hangisinin aksansız yazılacağı da çok mühimdir. "Galib", "gasıb", "kanun" kelimelerinde "a" harfinin üstüne eğer gerekiyorsa uzun okunacağını belitmek üzere *düz bir çizgi* (ā) konabilir, fakat aksan konulmaz. Başka bir ifade ile "gayın" ve "kaf"dan sonra gelen ve "uzun a" şeklinde okunması gereken "elif"ler için - "gayın" ve "kaf"ın "kef"le karışmalarını önlemek üzere- aksan kullanmamalıdır.

Klâsik imlâ kurallarından biri de paragraf başlarının biraz içerden yazılmasıdır. Fakat, son yıllarda Amerika'da başlayıp dünyaya yayılan yeni bir cereyan ile paragrafın ilk satırının içerden başlaması kaidesi kaldırılıp bunun yerine paragraf aralarının birer satır açılması usûlü benimsenmeye başlanmıştır. Halbuki, klâsik sistemde paragraf başı yapılma yanında satır arasının da açılması, fikrin değiştiğini göstermekte; böylece birbirinin devamı olan paragraflarla fikir değişikliği olanlar arasına bir fark konulmaktadır. İlmî bir yazıda bu usûlden ayrılınmaması, yani, bütün paragraf başlarının içerden yazılması, fikir değişikliği olanlarda ise paragraflar arasına biraz açıklık konulması tavsiye olunur.

Bir eserde dikkat edilmesi gereken hususlardan biri de imlâda yeknesaklık sağlanmasıdır. Kelimelerin yazılışlarında faklılık olmamalıdır. Cümle başlarının büyük harfle başlaması haric, aynı kelimeler bazan büyük, bazan küçük harfle; bazan aksanlı, bazan aksansız, bazan "d", bazan "t" ile, yani farklı tarzlarda yazılmamalıdır. Şahıs ve yer, müessese ve topluluk adları büyük harfle başlatılmalıdır. Göze çarpması istenilen kelimelerde büyük harf kullanılmamalı, fakat bir bakışta görülmesi için *italik* veya **siyah** punto tercih edilmelidir.

İmlâda noktalama işaretlerine de son derecede dikkat edilmelidir. Nokta, virgül, noktalı virgül, soru işareti, vs. nin yerli yerinde kullanılması son derecede mühimdir. Bir virgülün eksik konması, bazan cümlenin manasını tamamen değiştirebilir. İmlâ kuralları, ilk okuldan îtibâren öğretilmektedir. Dolayısiyle yapılan yanlışların bilgisizlikten ziyade dikkatsizlikten kaynaklandığı muhakkaktır. Özellikle noktalı virgül konacak yerleri iyi seçmek gerekir. Bilindiği gibi bu işaret tam birer fikir ifade eden iki küçük cümleciği ayırmakta kullanılır; bunun için virgül yerine kullanılması hatalı olur.

İmlâ konusunda dikkat edilecek bir diğer husus da yazarın kendi ifadesi olan kısımlarda benimsediği imlâ ne olursa olsun başka kitablardan veya belgelerden yaptığı aktarmalardaki imlânın asıllarına sadık kalması icab ettiğidir.

Tabiî ilk kaleme alış sırasında bazı imlâ farklılıklarının olması mümkündür. Bunlar, eser tamamlandıktan sonra gözden geçirilme sırasında düzeltilecektir. Eğer daktilo kullanılıyorsa imlâ birliğine daktilo sırasında dikkat edilmelidir. Eser bilgisayarda yazılıyorsa imlâ birliğinin sağlanması daha kolaydır. Bir komutla değişik tarzda yazılmış olanlar bulunarak yerlerine doğrusu konabilir. Ancak, bu konuda da dikkatli olmak mecburiyeti vardır. Eserde biri yazarın imlâsı, diğeri iktibas edilen eser veya belgelerin imlâsı olmak üzere iki imlâ mevcudsa "bul-değiştir" komutu ile bütün metnin otomatik olarak değiştirilmesi tehlikelidir. Biraz uzun ve vakit alıcı olmakla birlikte kelimelerin tek tek buldurulup değiştirilmesi istenmelidir.

6. Yazıyı Tamamlayıcı Unsurlar

Günümüzde tarih, artık hikâye anlatır gibi yazılmamakta, rakamlara büyük yer ayrılmakta; bu sebeple tarih kitablarında tablo ve grafiklere sık sık yer verilmekte, hattâ bilgisayara dayalı çalışmalar yapılmaktadır. Bölge tarihleriyle ilgili araştırmalarda ise çeşitli haritalar yer almaktadır.

Bu tablo, grafik ve haritaların o bahis okunurken hemen görülmesi gerekenlerinin girecekleri yerler, yazma sırasında işaretlenmeli ve meselâ,

“Tablo I

1855 YILI SAMSUN LİMANI TRAFİĞİ"

denildikten sonra yazmaya devam edilmelidir. Bu suretle oraya hangi tablonun gireceği ve verilecek numara tesbit edilmiş olur. Eğer tablo, konunun işlenmesinde kullanılacağı için önceden hazırlanmışsa oraya daktilo sırasında yerleştirilecek; eğer hemen hazırlanmasına ihtiyaç duyulmamışsa, daha sonra tertib edilecektir. Fakat bu gibi malzemenin kullanılmasına ihtiyaç duyulan çalışmalarda sadece rakamların verilmesi değil, onların yorumunun da yapılması gerektiğinden, ilgili faslın yazılmaya başlanmasından önce, malzeme değerlendirilmek üzere okunurken, tablo müsveddelerinin hazırlanması uygun olur.

Bilgisayarda çalışıldığı takdirde, tablo ve grafiklerin bu iş için hazırlanmış programlarda yapılması çok daha kolay olacaktır. Ayrıca, toplama, yüzde alma, artış-azalış oranları gibi işler sıhhatli ve sür'atli bir şekilde hesablanabilecektir. Aynı program içinde istenilen şekilde grafik çizdirilebilecek ve bunlar kelime programlarına aktarılabilecektir.

7. Metinde Dipnotları (sayfa altı notları) Yerlerinin Tayini

İlmî bir eserde aranan en mühim özelliklerden biri de hangi bilginin nereden alındığının gösterilmesidir. Bu iki bakımdan mühimdir. Eserin,

* Sağlam kaynaklara dayandırıldığının gösterilmesi,

* Bilginin doğruluğunu araştırmak veya aynı konuda fazla bilgi almak isteyenlere istikamet verilmesi.

İşte bu sebepledir ki, ilmî eserlerde dipnotu kullanılmasına önem verilir. Her sayfa için (1)'den başlayarak numaralanan not şekli de kullanılıyorsa da daha ziyade her bölümde (1)'den başlayarak numaralama usûlü benimsenmiştir. Notların, her sayfada (1)'den başlamasının pratik bir takım sakıncaları vardır. Şöyle ki, matbaaya gitmek üzere daktilo edilmiş metnin sayfaları ile matbaa dizgisi sayfalar birbirini tutamaz ve bu yüzden dizgi sırasında bir takım problemler meydana gelebilir. Halbuki birbirini takib eden not numaralarında böyle bir mahzur sözkonusu değildir. Ancak, metnin, sahibi tarafından bilgisayarda hazırlanması ve nihâî şeklin yazar tarafından verilerek ofset baskı yapılması halinde bu mahzur ortadan kalkacağından bu şeklin seçilmesi de pekâlâ mümkündür. Not sayısının fazla olması halinde çok büyük rakamlara kadar çıkmamak için notların, kısım veya fasıllarda da yeniden (1)'den başlatılması mümkündür. Benimsenecek tarz, eserin özelliklerine göre yazar tarafından tayin edilecektir.

Dipnotu kullanılmaya ihtiyaç duyulacak hususlar şunlardır:

a. *Açıklanması Gereken İsim ve Tabirler*

Bir isim veya tabirin açıklanması, bir şahıs hakkında kısa bilgi verilmesi gerektiğinde, kelimenin üst tarafına -daha önce tayin edilen şekle göre- not numarası konur.

«...Fars sınır bölgesindeki Râmhürmüz[2] ve ...»

(Erdoğan Merçil, *Fars Atabegleri Salgurlular,* Ankara 1975, s. 8)

«...'kelter[185] üzümü' ...»

(M. Kütükoğlu, *Osmanlılarda Narh Müessesesi ve 1640 Tarihli Narh Defteri,* İstanbul 1983, s. 44)

«Hâfız Ahmed Paşa(nun)[4] gönderdüği telhis»

(Cengiz Orhonlu, *Osmanlı Tarihine Aid Belgeler. Telhisler,* İstanbul 1970, s. 14)

b. *Değişik Yerlerden Alınan Bilgiler*

Bir cümle bazan birkaç yerdeki bilgilerin birleştirilmesiyle meydana getirilmiş olabilir. O takdirde, herbirinden alınan bilginin üzerine ayrı bir not numarası konur.

«Bu şekilde yorumlanabilir[12], kodifiye edilebilir[13], fakat asla değiştirilemez olan[14], şeriatın yanında, bizzat onun açık bıraktığı kapıların arkasında, ayrı bir örfî hukuk teşekkül etmiştir[15].»

(Ahmet Mumcu, *Osmanlı Devletinde Siyaseten Katl,* Ankara 1963, s. 30)

c. *Kaynaklar Arası Farklılıklar*

Bir isim, bir tarih veya herhangi bir hususda kaynaklar arasında farklılıklar bulunabilir. Bunların tarihçi gözüyle tenkidi yapıldıktan sonra biri benimsenecek ve metinde o yer alacaktır. Fakat diğerlerinin de gösterilmesi gerektiğinden bu ihtilâflı olan isim, tarih, vs. üzerine not numarası konulup notta münakaşası yapılacaktır.

«Atabeg Tekle yirmiyıl[4] hükûmet sürdükten sonra h. 594[5] (m. 1197-1198) yılında Bidek-i Fesâ'da öldü.»

(Merçil, *a.g.e.*, s. 62)

d. *Fikrin Bittiği Cümle Sonları*

Notların en çok kullanıldığı yerler ise alınan bilginin bittiği cümle sonlarıdır. Notun, biten cümleye âid olması dolayısıyle de noktadan önce konması îcab eder.

«Osmanlı hükümdarı, bilindiği gibi, bu teklifi reddetmiş ve Timur'a, kendisine sığınmış bir misafiri kovmanın amansızlık ve imansızlık olduğu cevabını vermiştir[174].»

(Faruk Sümer, *Karakoyunlular,* I, Ankara 1984, s. 63)

8. Dipnotu Tipleri

a. *Sadece Kitab veya Makalenin Gösterilmesi*

Notlarda çoğunlukla sadece faydalanılan kitab veya makale gösterilir. Bir kitabın adı ilk defa geçiyorsa tam künyesi verilir. Ancak fiş yaparken, sonradan alfabetiğe koymak durumu olduğu için, yazar soyadı başa alındığı halde, dipnotunda böyle bir şey sözkonusu değildir. Önce isim, sonra soyadı, iki virgül arasında kitabın adı; ikinci virgülden sonra basım yeri ve tarihi yazılır. Bilginin hangi sayfadan alındığı da, basım tarihini müteâkib «s.» konulduktan sonra ilâve edilir. İtalik dizilmesini temin maksadıyla kitab adının altı çizilir. Makalelerde de bu usûl geçerlidir. Yalnız orada, fiş yapma sırasında da görüldüğü gibi, makale adı tırnak içinde yazılacak, dergi adının altı çizilecektir. Yazma işi bilgisayarda yapıldığı takdirde kelimelerin altınının çizilmesi yerine italik yazılması istenilen kelimeler bloklanıp bir komutla italik yazdırılabilir.

Ancak, aynı kitabın ikinci ve müteâkib tekrarlarında külfeti azaltmak üzere bazı kısaltmalar kullanılması âdet olmuştur. Batı dillerinde yapılan yayınlarda, aslı Lâtince olan *ibidem, opere citato* ve *loco citato* kelimelerini ifade eden *ibid., op. cit.* ve *loc. cit.* kısaltmaları kullanılmaktadır.

Ibid., «aynı yerde» demek olup bir üstteki notta geçen kitab tekrarlanacağı zaman kullanılır. Sayfa aynı ise, tekrar edilmez, değişik ise yeni numara verilir.

Loc.cit ve *op.cit.,* araya başka eser girmişse kullanılır. Birinci şıkda, üstteki notta gösterilen sayfaya atıf yapıldığı için, sayfa numarasına gerek yoktur. İkincide ise sadece esere atıf vardır, sayfa numarası değişecek demektir.

Ayrıca, kitabın tamamı için *passim,* aynı yazar için *id. (=idem)* gibi işaretler kullanılır.

Yabancı dillerde yazılmış eserleri okurken, notlarda kullanılan kısaltmaların mânâlarını anlamak bakımından, bunların bilinmesi lâzımdır. Ancak Türkçe bir eserde bu gibi Lâtince kısaltmalar kullanılmasına ihtiyaç yoktur. Zîrâ, dilimizde, aynı mânâları ifade edebilecek kelime ve kısaltmalar bulunmakta ve bunlar pek çok yazar tarafından da kullanılmaktadır.

Bir kitaba, bir makale, bir tez veya belgeye işaret etmenin çeşitli şekilleri vardır.

aa. *İkinci Notta Aynı Sayfanın Tekrarı*

Eğer arka arkaya iki notta aynı eserin aynı sayfası gösterilecekse, ikincide «gösterilen yer» mânâsına kısaca «gös.yer» demek kâfidir.

1 M. Tayyib Gökbilgin, *Rumeli'de Yürükler, Tatarlar ve Evlâd-ı Fâtihân*, İstanbul 1957, s. 23.

2 *gös. yer.*

ab. *İkinci Notta Ayrı Sayfa Gösterilmesi*

Arka arkaya iki nottan ikincisinde, bir önceki eserin başka bir sayfası verilecekse, *«aynı eser», «aynı makale», «aynı belge»* veya *«kezâ»* yazılıp sayfa numarası konabilir. Fakat daha yaygın olan şekli *adı geçen eser «a.g.e.», «a.g.m.» (makale), «a.g.t.»*, (*tez*), «a.g.b.» (belge) şeklidir.

1 Bernard Lewis, «İzlanda'da Türkler», *Türkiyat Mecmuası*, X (1953), 278.

2 *a.g.m.*, s. 279.

ac. *Araya Başka Bir Eser Girdikten Sonra Tekrarı*

Araya başka bir yazarın kitab veya makalesi girdikten sonra ise *«a.g.e.»* kısaltması, yazar soyadı ve virgülden sonra konur. Eğer bir yazarın tek eseri kullanılıyorsa sadece soyadı ile de kısaltma yapılabilir.

1 Neşet Çağatay, *Bir Türk Kurumu Olan Ahilik*, Ankara 1974, s. 83.

2 Mehmet Genç, «Osmanlı Esnafı ve Devletle İlişkileri», *Ahilik ve Esnaf*, İstanbul 1986, s. 113-114.

3 Çağatay, *a.g.e.*, s. 87 veya Çağatay, s. 87.

ad. *Bir Yazarın İkinci, Üçüncü Eserlerinin Gösterilmesi*

Bir yazarın birden fazla eser ve makalesi kullanılıyorsa, ikinci kitab/makalenin ilk geçişinde yine tam künyesi verileceğinden herhangi bir karışıklık sözkonusu değildir.

ae. *İkinci Eserin Müteâkib Notta Tekrarı*

Bir yazarın ikinci eserinin verildiği notu takiben aynı eser tekrarlanacaksa sayfa olup olmamasına göre *«gös.yer»* veya *«a.g.e. / a.g.m.»* denilebilir.

af. *İkinci Eserin Araya Başka Eserler Girdikten Sonra Tekrarı*

İkinci eseri takib eden notta, yazarın birinci eserinden veya araya başka kitablar girdikten sonra birinci ve ikinci eserlerden bahsedilecekse, artık soyadından sonra *«a.g.e.»* kısaltması kullanılamaz. Bunun yerine, bahis konusu kitab ve makaleleri ifade edecek birer kısaltma bulunur ve o eser, hep aynı kısaltma kullanılarak gösterilir. Kısaltmaların neye delâlet ettiklerinin unutulmaması için ayrı bir kâğıda yazılmasında fayda vardır.

1 Yavuz Cezar, Osmanlı Maliyesinde Bunalım ve Değişim Dönemi (XVIII. yydan Tanzimat'a Mali Tarih), İstanbul 1986, s. 57.

2 Gös. yer.

3 Ahmet Tabakoğlu, Gerileme Dönemine Girerken Osmanlı Maliyesi, İstanbul 1985, s. 17.

4 Cezar, *a.g.e.*, s. 80.

5 Ömer Lütfi Barkan, «Osmanlı 'Bütçe'lerine Dair Notlar» İ. Ü. İktisat Fakültesi Mecmuası, XV/1-4 (1955), 247.

6 Yavuz Cezar, «Osmanlı Devleti'nin Malî Kurumlarından Tersâne-i Âmire Hazinesi ve Defterdarlığı'nın 1805 Tarihli Kuruluş Yasası ve Eki», İÜİFM, XLI/1-4 (1984), 367.

7 a.g.m., s. 368.

8 Barkan, a.g.m., s. 251.

9 Tabakoğlu, s. 65.

10 Cezar, "Tersâne", s. 369.

11 Tabakoğlu, s. 89.

12 Cezar, Bunalım, s. 99.

13 Ömer Lütfi Barkan, "Edirne Askerî Kassamına Âit Tereke Defterleri", TTK Belgeler, III, 5-6, Ankara 1968, s. 27.

14 a.g.m., s. 30.

15 Barkan, "Bütçe", s. 249.

16 Tabakoğlu, s. 69; Cezar, Bunalım, s. 102.

17 Barkan, "Edirne", s. 35.

ag. *Aynı Soyadını Taşıyan İki Yazarın Notta Gösteriliş Şekli*

Kullanılan eserler arasında aynı soyadını taşıyan yazarlar varsa, bunların birbirine karışmamasına da dikkat ve îtinâ etmek lâzımdır. Meselâ, Osman Turan - Şerafettin Turan, Sevim Tekeli - İlhan Tekeli gibi yazarların eserleri bir arada kullanıldığı zaman sadece soyadlarını yazmak yetmez, ilk adlarının baş harflerini de mutlaka koymak gerekir. O. Turan, Ş. Turan veya S. Tekeli, İ. Tekeli gibi. Eğer isimleri aynı harfle başlıyorsa ya ismin tamamını yazmak veya eser isminin kısaltmasını her defasında tekrarlamak icab eder.

ah. *Aynı Yazarın İki Eser veya Makalesinin Peşpeşe Gösterilişi*

Bir yazarın iki kitab, iki makale veya kitab ve makaleleri ayni notta peşpeşe gösterildiğinde, ilk gösterilen usûlüne olarak yazılır; ikinci, ilk def'a gösteriliyorsa, "aynı yazar" denildikten sonra kitab veya makalenin künyesi kayd edilir ve tabiî sayfa numarası konur.

37 ... M. Akdağ, *Celâlî İsyanları, 1550-1603*, Ankara 1963, s. 85 vd, s. 110; kezâ büyük kaçgunluk için bk. aynı müellif, "Celâlî İsyanlarında Büyük Kaçgunluk, 1603-1606", *Tarih Araştırmaları Dergisi*, Ankara 1964, II/2-3, 1-150 (Feridun M. Emecen, XVI. Asır da Manisa Kazası, Ankara 1989, s. 121.

ai. *Arşiv Belgelerinin Gösterilişi*

Arşiv malzemesinin kullanıldığı eserlerde, bilgi alınan belgenin arşiv, tasnif ve numarasından başka, eğer metin içinde geçmemişse, tarihi ve kimden kime yazıldığının belirtilmesi uygun olur. Arşiv belgesinin referans olarak gösterildiği notlarda, yazının kimden kime, hangi tarihte gönderilen ne cins bir belge olduğu belirtilir. Üst üste iki nokta konduktan sonra arşivi, tasnifi ve numarası verilir. Burada da ilk geçişte künye tam olmalıdır. Sonrakilerde kısaltma kullanılır.

Mühimme defterlerinden verilen notlarda sadece kime gönderildiği belirtilir. Çünkü, aradaki bazı buyuruldu ihtiva edenler istisnâ edilirse, bu defterlerdeki hükümler Dîvân-ı Hümâyûn kararı ve Padişah emridir.

1 İstanbul Kadısına gönderilen 23 Receb 983 (28 Ekim 1575) tarihli hüküm: Başbakanlık Osmanlı Arşivi, *Mühimme Defteri,* nr. CLXXVI, 103.

Bunun gibi, Hatt-ı Humâyûn ve İrade tasniflerinde esas numarayı alan belgeler Padişahın hattı veya iradesini ihtivâ etmekte, eklerde ise arz, arîza, arzuhal, mazbata, vs. belgeler bulunmaktadır. Hatt-ı humâyûn ve irade bulunan vesikalar, adından da anlaşılacağı üzere yine Padişah emridir. Pek çoğu da Sadrazamın telhis veya takriri üzerine yazılmışlardır. Ancak telhis ve takrirlerde Tanzimattan sonra tarih kullanılmaya başlandığından, daha önceki devirlere âid belgelerin kesin tarihi aynı konudaki diğer belgelerden tesbit edilebilir. Tasnif hey'etince konulan tahminî tarihlerde ise her zaman isabet yoktur. Onun için bunlarda tarih belirtilmez veya «tasnif hey'etince konduğu»na işaret edilir.

1 Sadrazamın, III. Selim'in hatt-ı humâyûnunu ihtivâ eden telhisi: BOA, Hatt-ı Humâyûn tasnifi, nr. 13127.

2 II. Mahmud'un beyaz üzerine hatt-ı humâyûnu: Topkapı Sarayı Müzesi Arşivi, E. 7308.

Eğer metin içinde yeterince bilgi verilmişse sadece tasnif adı ve numarası ile de yetinilebilir. Meselâ, üçüncü not

3 HH, nr. 23118 şeklinde yazılır.

Takrir, telhis ve hatt-ı humâyûnun birlikte olduğu bir belge ise şöyle gösterilebilir.

4 Serasker Husrev Paşa'nın Tunus'dan fesci ustaları getirtilmesine dair takriri üzerine Sadrazamın telhisi ve Padişahın hattı: HH, nr. 18748.

Bazı belgelerin hatt-ı humâyûnları kesilip ayrılmıştır. Böyle bir durum belirtilmek istendiğinde şöyle yazılabilir:

5 Ömer Lütfi Efendi'nin, üzerinde Sadrazamın Defterdara hitâben yazılmış 2 C 1248 (27 Ekim 1832) tarihli buyuruldusu bulunan (hatt-ı humâyûnu kesik) takriri: BOA, Cevdet tas. - Askerî, nr. 9407.

Eğer bu takririn bir sureti, herhangi bir tasnif içinde bulunmuşsa numaradan sonra nokta konulup devam edilir.

.... Aynı takririn sureti: BOA, *Maliyeden Müdevver Defterler,* nr. 9146, s. 200.

Kitab, Sadaretle nezâretler arası yazışmaların kullanıldığı bir araştırma ise, Bâbıâlî Evrak Odası belgeleri veya Sadaretten gönderilen yazıların müsveddelerini ihtiva eden *Ayniyat Defterleri* kullanılacaktır. Bu takdirde not şöyle yazılacaktır:

6 Sadaretten Ticaret ve Nafıa Nezâretine gönderilen 5 Ramazan 1307 (24 Nisan 1890) tarihli tezkire: BOA, *Ayniyat Defteri,* nr. 1225; Başkitâbet dairesinin 18 Ramazan 1307 (8 Mayıs 1890) ve 4 Muharrem 1308 (20 Ağustos 1890) tarihli tezkireleri: BOA, İrade-Dahiliye, nr. 92193 ve 93080.

Dikkat edilirse yukarıdaki misallerden birinde defterin sayfa numarası verilmemiştir. Bu, defterde sayfa numarası olmamasından kaynaklanmaktadır. Ancak, son devirlere âid muntazam tarihlenmiş belgelerin kronolojik bir sıra ile ciltlenmiş olanlarında sayfa numarası konulmamış olması pek büyük bir mahzur teşkil etmemektedir. Fakat, özellikle *Mühimme, Şikâyet, Ahkâm* gibi hükümlerde kesin tarih bulunmayıp "evâil", "evâsıt", "evâhır" gibi onar günlük devreleri gösteren tarihlerin atıldığı defterlerde sayfa numarasını mutlaka göstermek lâzımdır. Ayrıca, defterlerden ilk devir *Mühimme*lerinde ayın tarihi ve haftanın günü tam olarak gösterilmesine rağmen bazılarında dikkatsizce yapılan ciltlemeler dolayısıyla da tarihler karışmış durumdadır. Bunun için bu gibi defterlerden referans verilirken mutlaka sayfa numaralarının belirtilmesi gerekir.

Arşivden referans verilirken dikkat edilecek ikinci bir husus da tasnifler ve belge koleksiyonları isimlerinin altlarının çizilmeyip yalnız isim taşıyan defterlerin altlarının çizilmesi keyfiyetidir.

b. *İsim ve Tabirlerin Açıklanış Şekli*

Bir isim veya tabir yahut yer adının açıklanması, bir şahsın kısa biyografisinin verilmesi gerektiğinde, önce açıklama yapılır, sonra bu bilginin alındığı yer gösterilir.

(Râmhürmüz'ün dipnotu: Merçil, *Salgurlular,* s. 8)

2 Ahvaz'ın doğusunda 3 günlük yürüyüş mesafede, bugün dahi mevcut bir şehir, bk. Strange, *The Lands,* s. 243.

(kelter üzümünün dipnotu: Kütükoğlu, *Narh,* s. 44)

185 kelter/keletir = kulpsuz yayvan sepet, sele; keleter = iki kulplu küfe biçiminde büyük sepet *(Türkiye'de Halk Ağzından Derleme Sözlüğü,* Ankara 1974, VII, 2736, 2731).

(Hafız Ahmed Paşa'nın dipnotu: Orhonlu, *Telhisler,* s. 14)

4 1009 yılı Şevval ayında sadaret kaymakamı oldu ise de, 10 gün sonra azledildi; 20 Cumadelâhır 1010 da Anadolu muhafazasına memur olarak Kütahya'ya gitti; 1011 yılı Şaban ayında da bu görevde bulunmakta idi (MAD. 18155, s. 34, 107).

c. *Kaynaklar Arasındaki İhtilâfın Gösterilişi*

Kaynaklar arasında ihtilâf bulunduğu zaman notta bunların münakaşası yapılır ve metne alınan bilgi veya fikrin benimseniş sebebi açıklanır.

(Atabeg Tekle'nin saltanat süresi: Merçil, *Salgurlular*, s. 62)

5 Atabeg Tekle'nin ölüm yılı olarak iki tarih verilmektedir. *Câmi'üt-Tevârîh* (vr. 270^{b}), Benâketî (s. 233), Vassâf (s. 150, özet s. 87) ve *Şiraz-nâme* (s. 52) onun h. 591 (m. 1194-1195) yılında öldüğünü kaydederken, Tekle'nin ölümünden sonra yerine Tuğrul b. Sungur'un geçmiş olduğunu iddia eden, daha muahhar eserler, sözgelişi *Tarih-i Güzîde* (s. 504), *Mücmel-i Fâsihî* (II, s. 252), *Lüb üt-Tevârîh* (s.118) ve *Tarih-i Cihân Ârâ* (s. 126) Tekle'nin h. 590 (m. 1193-1194) yılında vefat ettiğini bildirmektedirler. Ancak biz onun tahta geçiş yılını h. 574 olarak kabul ettiğimizden, 20 yıl hükümet sürdüğüne göre, onun ölüm tarihinin h. 594'e isabet etmesi gerekir. Ayrıca h. 623 (m. 1226)'de ölen ve 29 yıl saltanat süren Atabeg Zengî'nin saltanat süresi hesab edilirse onun da bu tarihte tahta geçtiği meydana çıkmaktadır.

d. *Fazla Bilgi Bulunacak Yerin Gösterilişi*

da. *Eserin Başka Yerinin Gösterilişi*

Bazı hallerde, aynı meseleden eserin iki ayrı yerinde bahsedilmesi gerekebilir. Bu takdirde esas ilgili fasılda tafsilât verilir, diğerinde bir cümleyle temas olunup not konur. Notta ise başta veya ilerdeki bir bölüme havale yapılır.

174 Bk. I. Bölüm, s. 46, 50, 60.

172 *MD*, 16, s. 338; bk. V. Bölüm, s. 12.

(Cengiz Orhonlu, *Osmanlı İmparatorluğu'nun Güney Siyâseti. Habeş Eyaleti*, İstanbul 1974, s. 122)

Yahut da bir husus anlatılırken meselenin daha iyi görülebilmesini temin maksadıyla, metin veya eklerdeki, şekil, tablo, vs. ye bakılması istenebilir.

169 Doğu Anadolu halkı arasında nöker, sipahi, nökerzâde ise, sipahîzâde demek idi (bk. Ek II, 1530 tarihli Bayburt livası kanunnâmesi).

(İsmet Miroğlu, *XVI. Yüzyılda Bayburt Sancağı*, İstanbul 1975, s. 36)

db. *Başka Bir Eserin Gösterilişi*

Eserin esas konusu ile doğrudan ilgili olmayan veya tafsilâta girişildiği takdirde plândaki âhengin bozulabileceği hallerde meseleye bir veya birkaç cümle ile temas edilip not konur. Notta ise, bilgi bulunabilecek eser/eserler veya makaleye, «tafsilât için bk.», «fazla bilgi için bk.» yahut «bunun için bk.» şeklinde havale yapılır. Havale edilen eserde o konuya fazla yer ayrılmış olduğundan, genellikle verilen sayfa numarası da tek değildir. Bilginin başlangıç ve bitiş sayfaları araya («-») konulmak üzere verilir veya başlangıç sayfası yazıldıktan sonra, müteâkib sayfalarda da devam ettiğini göstermek üzere «vd.» (= ve devamı) işareti konur.

2 Tafsilât için: M.H. Yinanç, *Türkiye Tarihi Selçuklular Devri,* İstanbul 1943, I *(Anadolu'nun Fethi),* 135-50; İ. Kafesoğlu, *Sultan Melikşah Devrinde Büyük Selçuklu İmparatorluğu,* İstanbul 1953, 46-54.

(Nejat Göyünç, *XVI. Yüzyılda Mardin Sancağı,* İstanbul 1969, s.8)

57 Bunun için bk. Karal, *ayn. esr.*, s. 122 vd.

(Ercüment Kuran, *Avrupa'da Osmanlı İkamet Elçiliklerinin Kuruluşu ve İlk Elçilerin Siyasî Faâliyetleri 1793-1821,* Ankara 1968, s. 38)

Bahis, kaynaklara dayanılarak yazıldığı halde, aynı meseleye temas eden bir eserde de bilgi bulunabileceği «ayrıca bk.» şeklinde gösterilir.

112 Bu heyetin İstanbul'da karşılanışı ve faaliyeti hakkında ... Rycaut *(Histoire des trois derniers empereurs des Turcs,* II, 359-62) malumat vermektedir. Ayrıca bk. Zinkeisen, V, 59-60.

(M. Kütükoğlu, *Osmanlı - İngiliz İktisâdî Münâsebetleri,* I, Ankara 1974, s. 36)

e. *Farklı Bilgi Bulunan Eserin Gösterilişi*

Bir kaynak veya araştırmada, diğerlerinden farklı bilgi varsa ve bu bilginin münakaşasına gerek duyulmuyorsa, bilginin alındığı yer/yerler gösterildikten sonra «krş.» (= karşılaştırınız) denilerek farklı olanın künyesi verilir.

563 «... nısf-ı niyâbet muhâfazât-ı vilâyet için kadîmden sancak beğlerine hâsıl kayd olagelmiştir», Barkan, *Kanunlar,* s. 268; krş. M. Akdağ, *Türkiye'nin İktisadî,* II, 258-259.

(Bahaeddin Yediyıldız, *Ordu Kazası Sosyal Tarihi (1455-1618),* Ankara 1985, s. 127).

f. *Aynı Notta Birden Fazla Referans Verilmesi*

Bir notta bazan birden fazla referans verilmesi gerekebilir. Bu gibi hallerde sadece kitap veya makale adı gösterilecekse aralarına «;» konarak birinden diğerine geçilir. Kaç kitap veya makale gösterilecekse, kaynaktan araştırmaya doğru önem sırasına göre dizilir.

354 Bk. Neşrî, I, 187; M. Bilge, *Aynı eser*, s. 83-84; C. Baltacı, *Aynı eser*, s. 15.

(Yusuf Halacoğlu, *XIV-XVII. yüzyıllarda Osmanlılarda Devlet Teşkilâtı ve Sosyal Yapı*, Ankara 1991, s. 116).

Kitap adı verilmekle yetinilmeyip açıklamada da bulunulacaksa biraz farklı bir usûl tatbik edilir. Eğer açıklama ilk kitap adından önce ise, açıklamayı takiben kitap adı yazıldıktan sonra yine «;» konarak ikinciye geçilir. Fakat açıklama ikinci veya sonraki kitaplarda ise bir önceki kitabın sayfa numarasından sonra nokta konur. Tabii, müteâkib cümleye büyük harfle başlanır.

27 Nejat Göyünç, "Türkiye'de Eğitim" *Türk Dünyası El Kitabı*, Ankara 1976, s. 1046; Kuran, 1012; Ünal, s.216. Tanzimattan sonra açılan kız okulları için bk. Caporal, s. 101 vd.

(M. Âkif Aydın, *İslâm-Osmanlı Aile Hukuku*, İstanbul 1985, s. 160)

g. *Başka Bir Eserde Verilen Referansın Gösterilişi*

Bazan başka bir eser vasıtasıyla bir kaynağın yahut ikinci bir eserin verdiği bilgiler de kullanılabilir. Bu gibi durumlarda bunun da notta mutlaka belirtilmesi gerekir.

ga. Eğer, faydalanılan eserdeki belge veya esere -başka bir memlekette oluşu, bilinmeyen bir yabancı dille kaleme alınmış bulunması yahut eksik referans verilmesi gibi bir sebeple- ulaşılamıyor, fakat bilginin o belge veya eserde bulunduğu da mutlaka gösterilmek isteniyorsa, belge veya eser bizzat görülmüş gibi referans verilmemeli, fakat bu bilginin nereden alındığı da mutlaka gösterilmelidir.

133 Hakluyt, V, 254'den naklen Kurat, s. 51, not 2.

(Mübahat S. Kütükoğlu, *Osmanlı-İngiliz İktisadî Münâsebetleri, I (1580-1838)*, Ankara 1974, s. 41.

gb. Faydalanılan eserin kaynağının da görüldüğü hallerde ise her ikisi birden gösterilir. Zira, sadece kaynak verilip diğeri ihmâl edilirse, o eser kullanılmamış gibi bir intiba hasıl olabilir; nasıl olsa başka birisi tarafından kullanılmıştır düşüncesiyle hareket edilirse bu defa da ulaşılabileceği halde kaynağın görülmemiş olduğu zannı doğabilir. Bu bakımdan her ikisinin birden zikri doğru olur. Bu da araya "ve ondan naklen" gibi bir ibare konularak halledilir.

> 100 *Mühimme,* LX, h. 472; LXI, h. 85 ve buralardan naklen A. Refik, *Türkler ve Kraliçe Elizabet,* vesika 9 ve 10.
>
> (M. S. Kütükoğlu, *a.g.e.*, I, 33)

h. *Bir Yardımın Belirtilmesi*

Araştırmanın hazırlanışı sırasında görülen yardımlar için teşekkür yeri «önsöz»dür. Ancak, bazı özel hallerde bu, nota da konabilir. Makalelerde ise önsöz bulunmadığı için kimden, ne surette yardım alındığı ilgili notta belirtilip, teşekkür edilir. Bu yardımın mâhiyeti, yazarın bilmediği bir yabancı dildeki kitaptan faydalanmasını sağlama, bir eser veya belgenin yerini bildirme, yardımcı ilim kollarıyla ilgili hususlarda fikir danışma, vs. şeklinde olabilir.

> 1 Bu gezi sırasında yakın ilgilerini gördüğüm Alâiyeli dostlara, Müze yetkililerine, özellikle Hacıhamdioğlu Tevfik Bey'e teşekkür borçluyum. Bu makalede sözü edilen ilk iki kitâbeyi kendisi haber vermiştir.
>
> (Tuncer Baykara, «Alâiye'de Bazı Yeni Kitâbeler», *Tarih Enstitüsü Dergisi,* sayı 12 (1982), s. 579)

9. Müsvedde Yaparken Dipnotlarının Yazılması

Müsvedde sırasında dipnotlarının yazılması için iki ayrı yol takib edilebilir.

a. El yazısı ile Müsvedde

aa. Aynı kâğıt üzerinde, not konulacak yerde bir köşeli parantez açılıp, not yazılıp bitirildikten sonra kapanarak metne devam edilir. Bu takdirde anında not numarası koymaya gerek yoktur. Numaralama sonradan yapılır.

ab. Notların kısa olması halinde sayfa altında bir kısım ayrılıp oraya da yazılabilir.

ac. Notlar, muhakkak, her iki kâğıtta da numaralanmak ve numaralar birbirini takib etmek şartıyla, ayrı bir kâğıda yazılır.

Her iki şeklin de fayda ve mahzurları vardır. Birincide notlar sonradan konacağı için araya ilâve yapılırsa, not numarası değiştirmek gibi bir külfet olmaz. Fakat, araya uzun notların girdiği metinlerde, düzeltmek üzere okunduğu sırada notun bittiği yerin tayini dikkati dağıtıp metnin bütünlüğünü bozabilir.

İkinci ve üçüncü şekilerde ise, araya ilâveler yapıldığında not numaralarının yürütülmesi külfeti ile karşılaşılır. Fakat metinde bütünlük vardır. Ayrıca, bir cümle içinde arka arkaya birkaç not geçtiği zaman, not numaraları yerlerine konup metnin yazılmasına devam edilir ve fikrin bitiminde birkaç not birden yazılabilir. Halbuki, metin içinde parantez açarak bu işin halli her zaman kolay değildir. Daha önce de belirtildiği gibi, notlarda münakaşalar yapılması, konu ile doğrudan ilgisi olmayan, fakat açıklanmasında zarûret bulunan bazı hususlarda bilgi verilmesi gerekebilir. Bunların yazılması, metinde fikrin bitimine bırakıldığında, kesin olarak kaç satır süreceği bilinemeyeceğinden, kâfi mıkdarda yer ayrılıp ayrılamaması meselesi ortaya çıkar. Bu da yine ister istemez fikirlerin kesintiye uğramasına sebeb olur.

Bu şıklardan birini seçmek yazara kalmıştır. Eğer notlarda teferruata girilmeden sadece kitab adı verilip kısa açıklamalar yapılmakla yetinilecekse birinci, uzun notlar da olabilecekse ikincinin tercihi uygun olur.

b. Bilgisayar Kelime - İşlem Programında Yazma

Bilgisayar kullanıldığı takdirde ise notlar, sayfa altında veya sonda istendiğine göre işaretlenerek anında yazılır. Tabiî her programın not yazma şekli farklıdır. Bir kısmı sayfa altında gösterirken, bir kısmı ayrı bir yere kayd etmektedir. Bilgisayar programları geliştikce notların yazılması da kolaylaşmaktadır.

B. Son Şekil

1. Boşlukların Doldurulması

Malzemenin toplanması sırasında ne kadar titiz davranılırsa davranılsın, yazma safhasında birtakım boşlukların ortaya çıkması, bazı soruların kalması veya bazı hususlarda tereddütler hâsıl olması mümkündür. Bu gibi hallerde, eğer meydana gelen boşluk, müteâkıb fasılların yazılmasını engelleyecek mâhiyette değil ise, araştırılacak hususu işaretleyip uygun bir boşluk bırakarak -bu takdirde yazılmakta olan sayfayı boş bırakıp yeni bir sayfaya geçmek en iyi yoldur. İlâve sırasında boş bırakılan kısım yetmese dahi başka yapraklar eklenebilir- devam olunur. Ayrıca, araştırılacak hususlar da ayrı bir kâğıda not edilir.

Bazı hallerde, ortaya çıkan boşluk doldurulmadan, sonraki fasılların yazılması mümkün olmayabilir. O zaman mecburen yazmaya ara verilip gerekli malzemenin araştırılmasına geçilir. Yeterli bilgi toplandığında, bırakılan yerden yazmaya devam edilir.

Eğer böyle bir zarûret yoksa, müsveddenin yazılması tamamlandıktan sonra bütün pürüzler araştırılıp yerlerine yerleştirilir.

2. Düzeltme

Kitabın tamamı yazılıp bittikten ve boşluklar doldurulduktan sonra müsveddeler baştan îtibâren dikkatle okunur. İfade bozuklukları varsa düzeltilir. Bazan plânda ufak tefek değişiklikler yapmak icab edebilir. Paragrafların yerlerinin değişmesi veya ikinci derecedeki alt başlıklar arasında yer değiştirme gibi. Bazan da yazma sırasında farkedilemeyen bazı eksiklikler ortaya çıkabilir. Yahut biraz daha derinlemesine inen açıklamalara ihtiyaç duyulabilir. Bunlar, eğer mümkünse, eldeki notlardan çıkarılacak bilgilerle, değilse yeniden küçük araştırmalar yapılarak giderilir.

Bir araştırmada, toplanan malzemenin tamamı kullanılamayabilir. Bölümler arasındaki hacim dengesini sağlayabilmek için bazan eldeki malzemenin teferruat kısmından biraz fedakârlık etmek gerekebilir. Yeniden gözden geçirilme sırasında bu kullanılmamış malzeme de uygun bir yer bulunup değerlendirilebilir.

Bunun tam aksi olması da mümkündür. İlk yazma sırasında bir bahsin, diğerleriyle arasındaki dengeyi bozacak biçimde uzun tutulduğu farkedilirse, kısaltılarak yeniden yazılabilir.

Uzatma veya kısaltma bakımından hiçbir fedakârlığa tahammülü olmayan kısımlar ise, okuyucunun anlayışına sığınılarak, olduğu gibi bırakılır.

Yapılacak düzeltmeler, bir veya birkaç kelimenin değiştirilmesi veya ilâvesi gibi ufak çapta ise, kurşun kalemle yazılmış müsveddelerde silinip düzeltme yapılması şeklinde veya ilâve edilecek kısma bir çıkma işareti (∨ yahut ∧) konularak gerçekleştirilebilir. Küçük bir iki cümle ekleneceğinde, gireceği yere, göze çarpması için tercihan renkli kalemle «+», «x» veya «*» gibi bir işaret konulduktan sonra yanda bırakılmış olan marja yazılabilir. Bu gibi durumlarda aynı işaretin, ilâvenin başına da konması lâzımdır.

İlâve edilecek pasaj daha büyük ise, o zaman ayrı bir kâğıda yazmak ve yine marjdaki ilâvede olduğu gibi her iki yere de aynı işareti koymak gerekir. İlâve yaprakların gireceği yerin anlaşılabilmesi için ek sayfaya da bir numara verilmesi icab eder. Bu numara, ilâvenin yapıldığı sayfa numarasının yanına bir harf (25a gibi) veya bölü işaretinden sonra rakam (25/1) konulmasıyla meydana gelir. Ek sayfalar birden fazla olursa harflilerde b, c, ..., rakamlılarda /2, /3, ..., şeklinde devam eder. Böyle durumlarda, esas numarayı taşıyan sayfanın sonuna, devamının ek sayfalarda bulunduğuna dair hatırlatıcı bir not konulmasında fayda vardır.

Tabiî bu şekil, elle müsvedde yapılması halindedir. Bilgisayarda yazıldığında bütün bu teferruata gerek yoktur. İstenilen yerde ilâve yapılabilir; notlar da dahil bilgisayar bunları yerli yerine yerleştirecektir.

C. Sonuç

Metnin okunup düzeltilmesinden sonra, artık sonuç yazılabilecek hale gelmiştir. Her ilmî araştırmada bir sonuca varılacaktır. Zîrâ, sonuca varılmayan bir araştırmanın ilmî değeri yoktur.

İşte varılan sonuç, bu kısımda anlatılacak, gerekirse münakaşa edilecektir. Bazı hallerde, sonucu yazabilmek için, araştırmanın kısa bir özeti yapılabilir. Yahut çıkarılan neticeyi kuvvetlendirmek üzere, metinde kullanılmayan bazı malzemeye yer verilebilir.

Sonucun kısa veya uzun olması değil, eserde ortaya konan hipotezi ispat edebilmesi mühimdir. Ancak sonuç, hiçbir zaman, sadece eserin bir özeti şeklinde olmamalıdır.

D. Bibliyografyanın Hazırlanması

Çalışmanın başlangıcında faydalanılacak eserler fişlenmiş olduğundan, bibliyografya kısmen, hazır demektir. İş, bunların düzene konulmasına kalmıştır. Ancak, hemen hatırlatmak gerekir ki, bibliyografya tanzimi de birkaç şekilde olabilmektedir. Sadece kitaplardan faydalanılarak hazırlanan bir eserin bibliyografyası ile arşiv kaynaklarının da kullanıldığı bir eserin bibliyografyasının düzenlenmesi farklı olacaktır.

1. Sadece Kitap-Makale Kullanılan Eserin Bibliyografyası

Bu grupta iki ayrı şekilde düzenleme yapılabilir.

a. Kaynak eser ve araştırma-inceleme ayırımı yapılmaksızın düzenlenen tip en basitidir. Burada eser ve makaleler, yazar soyadına göre alfabetiğe dizilir. Bibliyografya bakımından zengin olan eserlerde bu usûl pek takib edilmez.

b. Kaynak eserlerle araştırma-incelemelerin ayrıldığı bibliyografyalar da iki türlü düzenlenebilir.

ba. «Kaynaklar» ve «Araştırma-incelemeler» ayrı başlıklar altında verilir ve her biri kendi içinde alfabetiğe konur.

bb. Eser tipleri ayrı ayrı gruplandırılır. Surnâme, fütüvvetnâme, seyahatnâme, kannunnâme/nizamnâme, münşeat ve muâhedat mecmuaları vs. adlar altında toplanır. Eğer, bunlardan ayrı birer başlık açılacak kadar kullanılmışsa, o zaman bibliyografyadaki gruplandırma artacaktır. Aslında araştırmanın şekline göre bu gruplandırmaları hayli çoğaltmak mümkündür. Meselâ, plân ve haritalar yahut süreli yayınlar (gazete ve dergi koleksiyonları) gibi malzemeye çokca yer verilen eserlerde bunlar için de birer başlık açılabilir.

Bütün bu çalışmalarda lügatler, daima en çok kullanılan yardımcı eserlerdir. Fakat özellikle notta gösterilmemişlerse, bibliyografyaya alınması gerekli değildir. Bazı araştırmalar ise geniş çapta lügat, ansiklopedik lügat ve çeşitli ansiklopedilerin kullanılmasını gerektirebilir. Özellikle kültür tarihi ile ilgili çalışmalarda bunların sayısı artacaktır. Onun için, bu tip eserlerin bibliyografyalarında bunlar ayrı olarak gruplandırılabilir; hattâ kataloglar da buraya ilâve edilebilir.

Hangi tip bibliyografya seçilirse seçilsin, kitabın künyesindeki yazılış sırası, fişde olduğu gibi, yani, yazar soyadı, adı, kitab adı, varsa cilt sayısı, gerekiyorsa yayınevi ve yayın numarası, basım yeri ve tarihi şeklindedir. Tek fark, hepsinin aynı satır üzerine peş peşe sıralanması, bir satır yetmezse ikinciden devam edilmesindedir.

ORTAYLI, İlber, *Tanzimattan Sonra Mahalli İdareler (1840-1878),* Türkiye ve Orta Doğu Amme Enstitüsü Yayınları, nr. 142, Ankara 1974.

Kronikler, husûsî tarihler, vs. devrinde yazılmış eserlerde, yazar soyadı bulunmadığı için alfabetik sıralamada, varsa, meşhur olduğu lâkabı esas alınır. «KEMÂL PAŞA-ZÂDE», «CELÂL-ZÂDE», «SELÂNİKÎ», «TOPÇULAR KÂTİBİ», «HEZARFEN» gibi. Bunlar da soyadı gibi tamamen büyük harflerle yazılır. Lâkabı olmayanlarda ismin tamamının büyük yazılması doğru olur.

SELÂNİKÎ Mustafa Efendi, *Tarih,* İstanbul 1281.

HOCA SA'DEDDİN EFENDİ, *Tâcü't-tevârih,* I-II, İstanbul 1279-80.

Makalede de aynı sıra takib edilir; fakat sonda, derginin hangi sayfaları arasında yer aldığı da gösterilir.

İNALCIK, Halil, «Osmanlı İmparatorluğunun Kuruluş ve İnkişafı Devrinde Türkiye'nin İktisadî Vaziyeti Üzerinde Bir Tetkik Münasebetiyle», *Belleten,* XV/60 (1951), 629-684.

Bir yazarın birden fazla eser veya makalesi varsa bunlar tabiî alt alta yazılacaktır. Fakat, her def'asında ismin tekrarına gerek yoktur. Bunun yerine 1.5 cm. lik kadar bir çizgi çekilip virgül konur, sonra da eser veya makale yazılır.

KÜTÜKOĞLU, Bekir, *Osmanlı - İran Siyasî Münâsebetleri, I, (1578-1590),* İstanbul 1962.

———, *Kâtib Çelebi "Fezleke"sinin Kaynakları,* İstanbul 1974.

Bazı yazarların eserleri soyadı kanunundan önce çıkmış olduğu için kitabın üzerinde sadece ismi vardır. Bunlar, soyadı kanununu görecek kadar yaşamışlarsa kitabın üstünde bulunmamasına rağmen bibliyografyada soyadlarına göre alfabetiğe konmalıdırlar. Ancak, kitabın üzerinde soyadının bulunmadığının da gösterilmesi gerekeceğinden soyadı parantez içine alınır.

(ALTINAY), Ahmet Refik, *Osmanlı Devrinde Türkiye Madenleri (967-1200),* İstanbul 1931.

2. Arşiv Malzemesi Kullanılan Eserlerin Bibliyografyası

Arşiv malzemesi kullanılan eserlerde bunlar, bibliyografyada «Arşiv kaynakları» adı altında ilk sırayı alırlar. Birden fazla arşivde çalışılmışsa önemlerine göre veya alfabetik olarak sıraya dizilirler.

Başbakanlık Osmanlı Arşivi

İstanbul Müftülüğü Şer'î Siciller Arşivi

Public Record Office (İngiliz Devlet Arşivi - Londra)

Topkapı Sarayı Müzesi Arşivi gibi.

Bibliyografyada arşivlerin adlarıyla birlikte kullanılan tasniflerin de adları verilir.

1. Başbakanlık Osmanlı Arşivi
   a. Cevdet tasnifi
      Askerî
      Belediye
      Dahiliye
   b. İrade tasnifi
      Dahiliye
      Meclis-i Mahsus

c. Kepeci tasnifi, nr. 3712, 6683, 7001 gibi.

d. Yıldız tasnifi

Esas Evrakı

Hususî Ma'rûzat

Resmî Ma'rûzat

Tek belgelerden mürekkeb tasniflerde kullanılan belge sayısı fazla olacağı için bibliyografyada sadece tasnif ve bölümünün adlarının verilmesi yeterlidir. İstenirse, belge numaralarının dipnotlarında gösterilmiş olduğuna dair bir not konabilir. Ancak yüksek lisans ve doktora tezlerinde bibliyografyada belge numaralarının verilmesi uygun olur.

Defterlerden mürekkeb tasnifler kullanıldığında ise defter sayısı daha az olacağı için, -yukarıda «c. Kepeci tasnifi»nde olduğu gibi- bunlar gösterilir.

Sırayla, diğer arşivlerde de aynı usûl tatbik edilir.

Bizde arşiv belgeleri seriler halinde yayınlanmış değildir. Fakat bazı konulara âid belge gruplarının, kitab veya makale halinde yayınlanmış olanları bulunmaktadır. Meselâ, Ahmed Refik'in *İstanbul Hayatı, Türkiye Madenleri;* Ömer Lütfi Barkan - Ekrem Hakkı Ayverdi'nin *İstanbul Vakıfları Tahrir Defteri,* yine Ö.L. Barkan'ın *XV ve XVI ıncı Asırlarda Osmanlı İmparatorluğunda Ziraî Ekonominin Hukukî ve Malî Esasları - I Kanunlar* bunlardandır. Ayrıca bazı eserlerin sonlarına konu ile ilgili belgeler de konulmaktadır.

Avrupa arşivlerindeki bazı belge koleksiyonları ise muntazam seriler halinde neşr edilmişlerdir ki İngilizlerin *State Papers* ve *Accounts and Papers*ları buna misâl olarak verilebilir.

Okuyucu, yayınlanmış arşiv belgelerine, yayınlanmamışlardan çok daha kolay ulaşacaktır. Bir belgenin yayınlanmış olanının ihmal edilerek, bulunduğu arşivdeki yerinin gösterilmesi doğru değildir. Ancak, okuma yanlışları, atlamalar, kısaca dikkatsizce yapılmış bir neşir olduğu takdirde durum değişir. Buna rağmen notta, arşiv ile eser veya makaleye âid referansın birlikte verilmesi uygun olur.

İşte, bibliyografya tanzim edilirken arşiv belgelerinden sonra, eğer kullanılmışsa «yayınlanmış arşiv belgeleri» için ayrı bir başlık açılmalıdır.

Gruplandırma yapılan bibliyografyalarda, her grup, arşivlerde tasniflere, yayınlarda yazar soyadına göre, kendi içinde alfabetik olarak düzenlenecektir.

Bir eserin hazırlanması sırasında pek çok kitab görülür, ancak bunların bir kısmından bilgi alınır. Bir kısmı ise sadece bazı bakımlardan fikir edinmek için işe yarar. Bazıları ise görüldüğü, okunduğu halde hazırlanan eserde kullanılmaz. Bu, arşiv belgeleri için de aynıdır. Konu ile yakından ilgili olabileceği düşüncesiyle bakılan bir defter veya belgede, o mesele ile ilgili bir şey bulunmayabilir.

İşte, hepsi görülmüştür düşüncesiyle kullanılmayan belge ve kitapları bibliyografyaya almak hatalıdır. Başka bir ifadeyle, bibliyografyada, yalnız dipnotlarında gösterilen belge ve eserler yer almalıdır. Eğer kullanılmadığı halde, konu ile ikinci derecede ilgisi olduğundan okuyucuya bunlar da muhakkak gösterilmek isteniyorsa, o zaman ayrı bir başlık altında toplamak mümkündür.

E. Ekler

Eserin sonuna, gerekiyorsa, konuyu tamamlayıcı mâhiyette bazı ekler konabilir.

1. Sözlük

Bazı eserlerde açıklanması gereken deyim ve terimler birkaç taneyi geçmez. Böyle olunca açıklamalar, notlarda verilir. Çok uzun olmayan makalelerde de bu usûl benimsenir. Fakat, konunun mâhiyeti icabı bazan açıklanacak kelimelerin sayısı artar. Bu takdirde eserin sonuna bir «sözlük» ilâvesi doğru olur.

Sözlüğe alınan kelimeler, bugün artık kullanılmayan, fakat çeşitli lügat ve ansiklopedilerde bulunabilecek kelimelerse, sözlük, sadece mânâlar verilmek üzere tanzim edilebilir. Fakat, mânâlar, özel ihtisas kitapları, güçlükle bulunabilecek eserler veya belgelerden tesbit olunmuşlarsa, alındıkları yerin gösterilmesinde de fayda vardır.

Bazı hallerde değişik eserlerde farklı mânâlara rastlanabilir. Bu gibi durumlarda metindeki mânâya uyan alınır; aksi halde, -yerleri belirtilmek üzere- hepsi de gösterilir. Sözlükte kullanılan eserler için birer kısaltma yapmak ve mânâdan sonra bunları kullanmak doğru olur. Ayrıca, mânânın verilmesine geçilmeden önce, yine parantez içinde, hangi dilde bir kelime olduğu da gösterilmelidir. Arapça (a.), Farsça (f.), Türkçe (t.), vs. gibi.

> İsperek/ispereg (f.) Sarı boyada kullanılan bir cins İran cehrîsi (Rh); sarı hezaran çiçeğinden elde edilen, nar kabuğu ve şapla muâmele edildiğinde parlak, solmaz renk veren boya (TCP).___neftisi: İspereğin bakır sulfat ile muâmelesinden elde edilen tatlı yeşil renk (TCP); çivid ve cehrîden yapılan ve gözle seçilemeyecek kadar hafif yeşil renk (Rh).
>
> (M. Kütükoğlu, *Narh,* s. 376)

Eğer bilgi sözlü olarak edinilmişse, bu takdirde de kimden alındığı belirtilir.

2. Belge Metinleri

Eserde kullanılan belgelerden pek mühim görülen bazılarının fotoğrafları, orijinal alfabesiyle yazılmış şekilleri veya transkripsiyon işaretleri kullanılarak yeni yazıya çevrilmiş şekilleri «ekler»de verilebilir. Ancak, belge neşrine dayanmayan sentez eserlerde, bu konuda aşırıya kaçılmamalı, gerekiyorsa en mühimlerinden birkaç tane seçilmelidir. Bunların yeni yazıya verilmesi halinde de doğru okunmalarına dikkat ve îtinâ gösterilmelidir.

3. Şecereler

Hanedan tarihleri, biyografiler gibi çalışmalarda şecere verilmesîne ihtiyaç duyulur ve bunlar, genellikle, kitabın «ekler» kısmına konur. Meselâ, İ.H. Uzunçarşılı'nın *Çandarlı Vezir Ailesi* (Ankara 1974) adlı eserinin sonunda, Halil Hayreddin Paşa'nın, oğullarından biri ile diğer oğlundan olma iki torununun nesillerinden gelenleri gösteren üç ayrı şecere bulunmaktadır.

4. Tablolar

Özellikle iktisat tarihi ile ilgili çalışmalarda rakamların büyük kıymeti vardır. Bunların okuyucuya sunulmasının en iyi yolu da tablolar tanzimidir.

Tablolar, sadece kıymet veya mıkdar gösteren rakamlardan ibaret olabileceği gibi, bu rakamların birbirleri ile mukayesesi de yapılabilir. Bir yerin çeşidli tarihlerdeki nüfusu veya bir gelir kaleminin çeşidli tarihlerdeki kıymetleri birbirleriyle mukayese edilerek bunların artış veya azalış seyirleri ve oranları tesbit edilmek istenebilir. Bu takdirde karşılaştırılacak rakamlar tabloda sütunlara yan yana, yani dikey olarak yazılırlar. Bunların mahiyetlerini gösteren hususlar ise alt alta getirilir. Böylece meselâ bir şehrin nüfusunun beşer yıl arayla nasıl bir seyir takib ettiği yan yana yazıldığından ilk bakışta görülebilir. Bu sütunlardaki rakamların mukayesesi yapılmak istendiği takdirde üçüncü bir sütun açılıp oran oraya yazılır. Toplam yapılacaksa en alt sıra bu iş için ayrılır.

Tabloların bilgisayarda yapılması çok daha kolay ve rahattır. Araya yeni sütunlar veya sıralar açılması, mevcudların yerlerinin değiştirilmesi veya silinmesi, yazılacak yazının büyüklüğüne göre sütunların veya sıraların genişliğinin tesbiti son derece kolaylıkla yapılabilmektedir. Oranların hesablanması, toplamların yapılması da istenilen sütuna gerekli formülün yazılmasıyla temin edilmektedir. Böylece az zaman harcayarak daha doğru hesablar yapılabilmektedir.

5. Grafikler

Nüfus ve fiat hareketleri, ticaret, üretim, tüketim, vs. konularında, ele alınan şeyin zaman içindeki seyrini göstermede veya birbiriyle mukayesesinde grafikler kullanılmaktadır.

Grafıkler, bu işin uzmanı olan şahıslar tarafından çizilmelidir. Fakat daha iyisi bunların bilgisayarda yapılmasıdır. Mevcud veriler tablolar halinde bilgisayara girildikten sonra sadece bunlardan ne cins bir grafik istendiğinin işaret edilmesiyle istenilen grafik çizdirilebilir. Grafiklar koordinat eksenlerine göre yaptırtılabileceği gibi sütun olarak da çizdirtilebilir. Özellikle rakamların birbirlerine olan oranlarını göstermek için 360 derecelik yüzey grafikleri kullanılır. Bilgisayarların tablo ve grafik programlarında bunların pek değişik şekillerini bulmak mümkündür.

Bu grafikler çizildikten sonra kelime programlarının içine çerçeveler açılarak kopye edilmeleri de kabildir.

6. Resimler

Konu ile ilgili her türlü fotoğraf (tarihî yapılar, kitâbeler, mezar taşları, şahıs portreleri, maddî kültürle ilgili her türlü eşya, vs.) yine çok kere «ekler» içinde yer alır.

7. Harita ve Plânlar

Sınır, nüfus, zırâî mahsûl, sınâî mâmûl, göç, vs. haritaları ile harb harekâtı krokileri ve şehir, bina, vs. çeşitli plânlara da genellikle «ekler»de yer verilir.

Bir kitabın ekler kısmında tabiî bunların hepsi birden bulunmaz. Bazan biri, bazan ikisi veya üçü kullanılır. Yahut da hiç ek konulmaya ihtiyaç duyulmayabilir. Bu, eserin mâhiyetine ve yazarın görüşüne göre değişir.

Daha önce de temas edildiği üzere (s. 78), bunlardan tablo, grafik, harita gibi metnin yazılması sırasında el altında bulunması gerekenler, başka bir ifadeyle yapılacak yorumlarda kullanılacak olanların müsveddeleri önceden hazırlanır. Diğerleri, metnin yazılmasından sonraya bırakılır. Kitaba girecek şekil, grafik ve haritaların temiz, muntazam ve yanlışsız olmaları lâzımdır. Klişe yapılacak çizimler, usta bir elden çıkmalıdır. Gelişi güzel çizilmiş çizgiler ve yazılar, yazar ve kitabın ciddiyetini bozacaktır. Bunu hatırdan çıkarmamalıdır. Bu gibi eklerin müsveddeleri doğru olarak yazar tarafından hazırlanmalı, fakat kitaba girecek olan çizimleri -eğer kendisinin böyle bir mahâreti yoksa- ehline bırakılmalıdır. Tablo düzenlenmesi, grafik çizimi gibi hususlarda, bir programcının yardımı istenerek veya paket program kullanılarak, bilgisayardan faydalanmak da mümkündür.

F. Önsöz

Önsöz, bir eseri takdim yazısıdır. Kitabı eline alan kimse ilk olarak «içindekiler»e bakacak, arkadan «önsöz»ü okuyacaktır. Onun için önsözün, kitabı tanıtıcı mâhiyette olması gerekir. Bu sebeble de, ancak eserin yazılması tamamlandıktan, hakkında söylenecek herşey belli olduktan sonra kaleme alınabilir.

Önsözde, konunun önemi, hangi sebeble seçildiği, daha önce bu vadide araştırma yapılıp yapılmadığı, yapılmışsa neden veya ne bakımdan konunun yeniden ele alınmasına ihtiyaç duyulduğu belirtilir; kaynaklar hakkında, çok uzun olmamak üzere, bilgi verilir.

Ayrıca, konunun nasıl işlendiği, bu çalışmayla ilme nasıl bir katkıda bulunulacağının umulduğu, bütün gayretlere rağmen giderilememiş eksiklik veya zaafları varsa, sebebleri ile birlikte dile getirilir.

Kısacası, eserle ilgili, okuyucuya söylenmek istenen her şey, çok fazla teferfuata kaçılmaksızın, fakat tam olarak belirtilir. En sonda ise, çalışma boyunca yardımı dokunanlara teşekkür edilir. Burada da, en çok yardımı dokunandan başlayarak, yaptıkları yardımların mâhiyetleri de belirtilmek üzere, isimleri sayılır.

Önsözün sağ alt tarafına yazarın adı konulur. Sol tarafa ise eserin kaleme alındığı yerin adı ve bitiş tarihi ilâve edilebilir.

Önsöz, kitabın metin kısmı basıldıktan sonra da yazılabilir.

Beşinci Bölüm

ESERİN BASIMI

A. Daktilo

Eser bitirilip gerekli ilâve ve düzeltmeler yapıldıktan sonra tamamlayıcı unsurların (ekler) hazırlanması sırasında yazar zihnen bir süre dinlenir. Bundan sonra bütünü tekrar okur; daha önce gözden kaçmış olan hususlar varsa, düzeltme veya tamamlamasını yapar.

Bu iş de bittikten sonra, eğer el yazısı ile müsvedde yapılmışsa sıra daktiloya gelir. Eğer mümkünse (yani eğer daktilo yazma ve bilhassa sür'atli yazma alışkanlığı varsa) en iyi şekil, daktilonun bizzat yazar tarafından yapılmasıdır. Bu, ilk bakışta, bir ilim adamı için vakit israfı gibi görünebilir. Fakat herhangi bir kimse yazarın tertib, imlâ vesaire hususiyetlerini kendisi kadar iyi aksettiremez. Unutmamak gerekir ki matbaaya gönderilen daktilo müsvedde ne kadar temiz, muntazam ve yanlışsız olursa kitab o kadar iyi dizilecek, az tashih çıkacak ve neticede basım sür'atle gerçekleşecektir. Eğer bilgisayarda yazılmışsa bir çıkış alınıp yanlışlar varsa düzeltilmelidir.

Özellikle metin neşirleri ile yer yer metin aktarmaları ve transkripsiyon işaretleri kullanılan eserlerde temizin yazılmasında çok hassasiyet göstermek gerekir.

1. Sayfa Düzeni

Kitabın daktilosu ister yazar, isterse başka bir şahıs tarafından yapılsın dikkat edilmesi gereken hususlar vardır.

a. Önsöz, giriş ve bölüm başı olan sahifeler, diğer sahifelerin üst satırı hizasından değil, sayfa üst kenarının en az 5-6 cm. aşağısından başlatılmalıdır. Başlıklar ortalanmalı, tek satırı geçenlerde de buna dikkat edilmelidir. Bölüm başlıklarının tamamı büyük harfle yazılmalı, bir satırı geçen başlıklarda satır araları gözü rahatsız etmeyecek ölçüde açılmalıdır.

b. Kısım ve fasıl başlık ve alt başlıklarında hep aynı şekil kullanılmalıdır. I, II, III ve A, B, C ile gösterilen kısımlarda başlıkların, büyük harf; 1, 2, 3 fasıllarında seyrek (espase) yazılması, a, b, c ile gösterilenlerde düz, aa, ab, ac ile gösterilenlerde altı çizilerek verilmesi usûlü benimsenebilir. Yazar, kendine göre başka bir sistem de geliştirebilir. Fakat o grup için başta ne kullandı ise daktilonun sonuna kadar devam ettirmelidir. Bunun çok büyük önem ve mânâsı vardır. Daktilo metin dizgiye esas olacağından temiz bir tertib kitabta yeknesaklık sağlayacaktır.

Kitabta, italik olması istenen kitab adları, okunurken dikkat çekilmek istenen bazı tabirlerin altları daktilo ederken muhakkak çizilmelidir. Matbaa operatörü, altı çizgili kelimelerin italik dizileceğini bilir[1].

Bilindiği gibi kitabların metin kısımları genellikle 10, bazan da 9 punto, notlar ise 8 punto olmaktadır. Onun için önce metin dizilip bitirilmekte, sonra notlara geçilmektedir. Bu sebeble matbaaya gönderilmek üzere yazılan bir daktiloda dipnotlarının âid oldukları sayfalara yerleştirilmesi gibi bir zarûret yoktur. Hatta tam aksi, bir arada yazılmaları dizgi operatörüne kolaylık sağlar, bunun için önce metin daktilo edilip bitirilir, sonra notlar hepsi birarada yazılır.

Şayet eser bilgisayarla yazılmış, fakat linotip makinede dizilecekse notlar yine sona konmalıdır. Fakat masa üstü yayıncılık denilen bilgisayarda yazılıp ofset usûlüyle basılacaksa o zaman notların sayfa altına yerleştirilerek hazırlanması uygun olur. Bilgisayarda notların, sayfa altı veya sona konulacağı bir komutla halledilir.

2. Kullanılacak puntonun tesbiti

Matbaaya teslim edilmeden önce başlıklarda nasıl punto kullanılacağının da belirtilmesi lâzımdır.

I – 10 punto siyah majüskül (büyük harf)
A – 8 punto siyah majüskül
1 – 10 punto siyah minüskül (küçük harf)

---

1 Ancak özel matbaaların bir kısmında bazı puntoların italiği bulunmamaktadır. Bu yüzden bir kısım kitablarda, kitab adlarının koyu dizilmesi yoluna gidilmektedir. Kitab, italik karakteri olmayan bir matbaada dizilip basılırsa bu, kaçınılmazdır. Fakat üniversiteler matbaalarında italik karakterli matris bulunduğundan özellikle kitab adlarının koyu dizilmesinden sakınılmalıdır.

a – 10 punto beyaz espas (seyrek)
aa – 10 punto italik (altı çizgili)

diye muhakkak başlık yanlarına şerh verilmelidir. Aksi alde operatör kendine göre dizgi yapar.

Eserin yazım işi bilgisayarda yapıldığı takdirde istenilen punto ve karakterler belli komutlarla yazdırılabilir.

B. Tashih

Kitab, dizgi yanlışlarının düzeltilmesi için ya birkaç forma dizilince veya tamamı dizilip bittikten sonra «tashih» denilen bir işleme tâbi tutulur. Bir kitab, «basıla» denilen, baskı makinesine girme müsaadesi verilmeden önce hiç olmazsa iki defa tashih görmelidir. Biraz daha ağır ve teferruatlı kitablarda üç tashih gereklidir.

İlk tashih mutlaka iki kişi tarafından yapılmalıdır. Atlama olup olmadığı, rakam ve tarihlerin doğru dizilip dizilmediğinin anlaşılması için bu şarttır. Bir kişi daktilo edilmiş metinden okur, diğeri dizgiden takib eder. Yanlış dizilmiş harf veya kelime bir daire içine alınıp bir çizgi ile marja götürülür, orada yine daire içinde doğrusu yazılır. Arası açık olması lâzım gelen kelimelerde, ara verilmemesi halinde, açılacak yer işaretlenip marjda >< işareti, bir arada yazılması lâzım geldiği halde açık yazılanlarda ≍ işareti kullanılır. Satır aralarının açılıp kapanmasını işaret için de bu işaretler 90° çevrilerek X, X şekillerinde gösterilir. Virgül ve apostrofun karışmamasını temin maksadıyla virgülün etrafına daire çizilir, apostrof ise ' şeklinde gösterilir. Dizgide dipnotunun metindeki yeri gösterilmemişse o da apostrofun içine alındığı şekilde bir çerçeve ile işaretlenir.

Linotip matbaada yanlış matris karışması, bilgisayarda dizilen kitablarda ise yanlış bir tuşa basılması gibi bir sebeble farklı bir karakter veya punto (düz yazı yerine *italik* veya **siyah**; 10 punto yerine 8 veya 12 punto gibi) ile dizilmiş bir satır, bir kelime veya harf olabilir. Bu durumda değişiklik yapılması istenen kelime veya harfler işaretlenip bir çizgiyle marja götürülür, çizginin bitimine küçük bir çarpı işareti konur ve yapılması istenen şeye göre "italik", "düz" yahut "siyah"; büyüklük farklı olmuş veya değişik karakterde bir harf karışmışsa "punto" yazılır. Bunun manası operatör tarafından anlaşılıp düzeltilecektir. Şayet küçük harf yerine büyük, büyük harf yerine küçük harf dizilmişse yine aynı şekilde bir çizgiyle marja gidilir ve "küçük", "büyük", yahut da "miniskül" ve "majeskül" karşılığı olarak "min." ve "maj." kısaltmaları kullanılır.

Tashih görmüş bir sahife örneği

İzmir şehrinden güneye doğru bir taraftan *Gümüldür*, diğer taraftan Torbalı'ya kadar uzanan bölgedeki yerleşme yerleri XV ve XVI. yy.larda da İzmir kazasına bağlıdır. XV. yy. İzmir'e âid defter parçalarında şehir olmadığı için bu asırda nefs-i İzmir'inkaç mahallesi bulunduğu hakkında bilgi sahibi değiliz. Eski İzmir'in, diğer yerleşme tepede bugünkü Kadifekalede kurulduğunu biliyoruz. Denizden gele- yerlerinde olduğu gibi korunmak maksadıyla deniz kenarında değil cek saldırılara karşı daha sonra sahilde bir "aşağı kale" yapılmışsa da şehrin aşağıya inmesi hayli sonra olmalıdır. İzmir kat'i olarak Osmanlıların eline geçtikten sonra da hücumlar devam etmiş; son olarak 13 Eylül 1472'de Pietro Mocenigo kumandasındaki Venedik donanmasının saldırısında aşağı kale tamamen yıkılmış[1]; yenidenyapıldıktansonra ise şehirde sükûn tesis edilmiştir. basmahane ile Damlacık arasındaki bölgenin yeni yerleşme yeri olarak seçilmesi[2] bundan sonra olmalıdır.

2. İzmir'in Mahalleleri

XVI. yy. başında İzmir şehri beş mahalleden mürekkeb küçük bir kasaba görünümündedir Bunlardan dördü müslüman mahalesi olup biri bugün de mevcud olan *Faik Paşa*, diğeri eski Agora civarında bulunması dolayısiyle bir adı da *Pazar* olan ve bugün de "*Pazaryeri*"[3] adını taşıyan *Han Beğ* ile *Mescidi Selâtin-zâde ve iç limanın* yanındaki *Limoni* mahalleleridir. Muhtemelen sahilde, tamamen gayr-i müslimlerden mürekkeb bir mahall ı daha vardır. Ancak, bu mahallenin belli bir adı olmayıp XVI. yy.daki tahrirlerde *cemaat-i gebran* olarak kayıtlıdır.

XVI. yy. boyunca İzmir şehri ge gelişme göstermiştir. Asrın son çeyreğine girerken mahallenin daha katıldığını görmekteyiz. Bunlar *Ali Çavuş, Yazıcı* ve *Şeyhler*[4] mahalleleridir. XVII. yy. da ise şehir, limanı dolayısiyle hayli gelişme kayd etmiş ve yeni mahalleler kurulmuştur. XIX. yy. başlarında "Ali Çavuş mahallesinin adının *Mir Ali* olarak değişmiş bulunduğunu ve eski mahallelere ilâveten *Çiçek, Hatûniye, Cedid Kefevî, Cami'-i atik, Kasab Hızır* ve *Hasan Hoca*

1 Besim Darkot, "İzmir", *İslâm Ansiklopedisi*, V/2 (1952), 1245; Tuncer Baykara, İzmir Şehri ve Tarihi, İzmir 1974, s.29.

2 Baykara, *İzmir*, s. 28-29.

3 Faik Paşa ve Pazar yeri mahalleleri için bk. *İzmir Rehberi*[2], İzmir 1992, s. 309.

4 Bu mahallenin adı Baykara (s. 30) ve Daniel Goffan (Izmir and the Levantine *World, 1550-1650*, Seattle 1990, s. 14) taraflarından "Şaphâne" olarak okunmuşsa da doğrusu "Şeyhler" olmalıdır..

Dizgi sırasında, ne kadar dikkat edilirse edilsin araya fazla bazı harfler de girebilir. Bu fazlalıkların atılması gerektiği de belli bir işaretle gösterilir. Fazla harf veya harfler yine küçük bir daire içine alınır ve bir çizgi ile marja götürülür, burada çizgiye helozonî birkaç kıvrım yaptırılır.

Bilgisayarla dizilen kitablarda dikkat edilecek bir husus da kelimelerin bölünüşüdür. Bilgisayar dili İngilizce olduğundan kelimelerin otomatik olarak bölünmeleri de İngilizce mantığına göre yapılmaktadır. Bu ise Türkçe dilbilgisi kurallarına aykırı düşmekte; bunun için de çok kere hecelerin ortadan bölünmesi ile karşılaşılmaktadır. Özellikle günlük gazetelerde sür'atli tashih yapılması dolayısiyle bu durumla fazlaca karşılaşılmaktadır. Bilgisayarda dizilmiş kitablarda tashih sırasında bir harf ilâve edilmesi veya çıkarılması bile daha önce kontrolu yapılmış sahifelerin satır sonlarını bozabilmekte, ve bölünmüş hecelerin ortaya çıkmasına sebeb olmaktadır. Onun için bu hususa büyük dikkat gösterilmesi ve kitabın basılmaya verilmesinden önce bütün satır sonlarının yeniden sür'atle gözden geçirilerek hece bölünmesi olup olmadığının kontrol edilmesi elzemdir. Aksi takdirde, kitabın basımından sonra, ciddî bir eserde görülmek istenmeyen durumlarla karşılaşmak kaçınılmazdır.

Tashihler mürekkepli kalemle yapılmalıdır. Kurşun kalem kolay silinebileceği için tavsiye edilmez. Hatta fazla tashih çıkmış ve birbirine karışabilecek gibi ise kırmızı, yeşil gibi renkli tükenmez kalemler de kullanılabilir.

Dizgi yanlışları tamamen temizlendikten sonra ilk sayfanın üzerine «basıla» yazılıp imza ve tarih konularak matbaaya verilir.

C. İndeks/Dizin

1. El Yazısıyla İndeks Hazırlanması

Bilindiği gibi indeks bir kitabta aranılan şeyin bulunmasını kolaylaştırmak üzere tertib edilmiş bir cedveldir. İndekste şahıs, yer ve müessese adlarıyla tabirler yer alır. İsim ve tabirlerin geçtikleri sayfalar gösterildiğinden, indeksin düzenlenmesi ancak eserin basımı bittikten sonra yapılabilir. Eğer bütün kitabın dizgi ve tashihleri bittikten sonra baskıya verilecekse indeks fişlerinin hazırlanması için baskının sonunu beklemek gerekir. Fakat birkaç forma dizilip basılıyorsa, o takdirde zamandan kazanmak için basılan formalardan bir takım alınıp fişlerin hazırlanmasına başlanabilir.

a. Fişlerin Hazırlanması

İndeks fişleri genellikle kitab fişlerinin yarı eb'adında hazırlanır. Fişlere yazılacak bilgi indeksin şekline göre değişir.

aa. *Basit indeks*te sadece isim ve tabirlerle, karşısında sahife numaraları bulunur. Tabiî fişteki bilgi de bu kadardır.

Mustafa Reşid Paşa 99

Bu tip indekste, aranılan ismin yanında, onbeş tane sayfa numarası varsa hepsine de bakmak gerekir. Halbuki aranılan bilgi belki de sonuncudadır. Yapılması kolay olmakla birlikte okuyucu açısından düşünüldüğünde pratik ve yeterli değildir.

ab. *Analitik indeks*te sadece isim ve tabirler yazılmakla yetinilmez, ne şekilde geçtiklerine de işaret edilir. Bunun için fişler hazırlanırken her birinde kısaca bilgi vermek gerekmektedir.

Fişin sol üst tarafına isim, ortaya ne münâsebetle geçtiği, sağ alt tarafa da sayfa numarası yazılacaktır. Aynı ismin bir sayfada birden fazla geçmesi halinde sadece bir fiş yapılır. Ancak değişik durum mevcudsa iki fiş yapılabilir.

Mustafa Reşid Paşa sadaretten azli 99	Trabzon 'dan hububat ihracının yasaklanması 34

Tereddüde mahal olmayan isimler dışındakilerde, şahıssa mevkii veya belirgin özelliği, yer adı ise coğrafî mevkiine dair parantez içinde küçük bir açıklama koymak gerekir.

LÜTFİ PAŞA (Sadrazam, 1539-41) Anadolu Beğlerbeğiliği 4	Yenice (Vardar Yenicesi) tütünü 80

Özellikle aynı ad ve sıfatı taşıyanlarda, bunda zaruret vardır.

KARA MUSTAFA PAŞA, Kemankeş (Sadrazam, 1638-1644) narha dair görüşleri 36	KARA MUSTAFA PAŞA, Merzifonlu (Sadrazam, 1676-1683) Viyana bozgunu 116
Aksaray (İl) 'dan asker toplanması 97	Aksaray (İstanbul'da semt) büyük yangını, 1918 213

Eğer fişi yapılan kelime metinde değil de notta geçiyorsa sayfa numarasının yanına (n) harfi konur.

Haleb dârâyîsi 17 n

«Padişah», «sadrazam», «kapdan-ı derya», «elçi» gibi muayyen şahısları gösteren cins isimler geçtiğinde de fişlenir ve altına «bk. III. Mehmed» veya «bk. İbrahim Paşa» gibi bir not konur, ikinci bir fişe ise o sıfatın işaret ettiği isim ile sayfası kaydedilir.

İndekste, özelliği dolayısıyle okuyucunun iki yerde araması muhtemel olan isimler için iki ayrı fiş yapılır; birine sayfa numarası konur, diğerine «bk.» denilerek numara konan fişin yazılış şekli verilir.

ÂLÎ, Gelibolulu Mustafa (Künhü'l-ahbâr müellifi) 46	Gelibolulu MUSTAFA ÂLÎ bk. ÂLÎ

İstanbul Bâb Mahkemesi 36	Bâb Mahkemesi bk. İstanbul Bâb Mahkemesi

Bazı eserler, özellikle kültür tarihi, eczacılık tarihi, mimarlık tarihi vesaire ile ilgili olanlar, çok sayıda madde adı ve tabir ihtiva ederler. Bu gibi eserlerde, indekste ağırlık bunlardadır. Özel isimler ikinci plânda gelir. Onun içindir ki fişleme yaparken isimler gibi her madde için fiş yazılacaktır. Madde birden fazla kelimeden meydana geliyor ve her kelime bir özelliğe işaret ediyorsa her biri için bir fiş yapılması gerekir. Meselâ «timar erbabına mahsus turna teli sorguç» maddesini ele alalım. Burada madde «sorguç»tur, fakat sorgucun iki özelliği daha belirtilmiştir. 1) «timar sahibleri» tarafından giyilmiş olması, 2) turna telinden yapılmış bulunması. Timarlı sipahi kıyafetiyle ilgilenen okuyucu «timar» maddesine, turna kuşu ile ilgilenen bir okuyucu ise, «turna» maddesine bakabilecektir. Onun için burada üç fiş yapılmalıdır.

Sorguç,

timar erbabına mahsus

223

turnateli sorguç

223

timar erbabına mahsus
turnateli sorguç

223

Fişlerde altı çizilen kelimeler alfabetikte gireceği yeri göstermek içindir.

Bir de dörtlü örnek görelim.

Kastamonu bogasısı üzerine basma yastık. Burada da fişler şöyle düzenlenmelidir.

Kastamonu

bogasısı

29

bogası,

Kastamonu bogasısı
üzerine basma

29

basma yasdık

Kastamonu
bogasısından

29

yasdık,

basma

29

Bu gibi hallerde tek bir maddeye havale yapılabilirse de atıfların okuyucuyu rahatsız edecek kadar çoğalması takdirinde ayrı ayrı maddelerde tekrarlanması da mümkündür.

Tıb ve eczacılık tarihi ile ilgili eserlerde de indekste madde adları yer alır. Bu maddelerin hepsinin birer Lâtince adı olduğu gibi bazılarının da birden fazla Türkçe adı vardır. Onun için bütün isimlere göre ayrı bir fiş yapmak icab eder.

meyan kökü

114

Radix Liquiretiae

bk. meyan kökü

b. Fişlerin Sıraya Konması

Hiçbir isim ve tabir atlamaksızın bütün kitab bu şekilde fişlendikten sonra sıra fişlerin harmanlanmasına gelir. Önce ismin ilk harfine göre kaba bir ayırma yapılır. Her harfe âit fişler ayrı birer zarf içine konur.

Bundan sonra sıra her harfi kendi içinde alfabetiğe koymaya gelir. Alfabetik, kelimenin bütün harfleri için aynen lügatler veya ansiklopedilerde olduğu gibi yapılır. Sadece ilk bir veya iki harfinin esas alınması hiçbir mânâ ifade etmez. Zîrâ bir kitabta böyle bir indeksin bulunmasıyla bulunmaması arasında fark yoktur.

Bir harfin alfabetik düzenlenmesi bittikten sonra fişler yeniden gözden geçirilir. Dalgınlıkla yanlış yere konulan bir fiş varsa düzeltilir. Aynı şahsa, yere, millet, devlet veya müesseseye vesaire âid olup da değişik izahları bulunmayan meselâ sadece «Çorlulu Ali Paşa medresesi» yazılı üç fiş varsa en küçük numaralı sayfayı taşıyana öbür sayfaların numaraları eklendikten sonra diğer iki fiş *iptal* edilir. Böylece fiş sayısı biraz azalacağı gibi yazma da daha kolay olacaktır.

Fişlerde şahıssa vazifesi, yer ise mevkiinin yazılıp yazılmadığı da kontrol edilir. Yazılmayanlara ilâve yapılır. Kitabta geçmeyen fakat okuyucunun, bakarken görmesi icab eden sadaret, kapdan-ı deryalık v.s. tarihleri parantez içinde ilâve olunur. Veya bazı kimselerde (ö. 1873) denilerek sadece ölüm tarihi verilebilir. Bunlar, kitabta mevcud değilse biyografik eserler veya ansiklopediler kullanılarak tamamlanır.

Tabirlerde ise, eğer esere bir sözlük ilâve edilmiş ve geçen kelimenin mânâsı orada verilmişse mesele yoktur. Aksi halde, mânâ, parantez içinde olmak üzere en kısa ve veciz şekilde ilâve edilmelidir.

«Mürûriyye (transit) resmi» veya

«Bilâd-ı selâse (Galata, Eyüb, Üsküdar) kadılıkları» yahut

«örü (hammaddenin istihsâl edilip satıldığı, devlete âid işletme)» gibi.

Bütün bunlar A'dan Z'ye kontrol edilip tamamlandıktan sonra âid oldukları zarflara yerleştirilir.

2. İndeksin Bilgisayarda Hazırlanması

Masaüstü yayncılık sistemi ile bilgisayarda yazılan metinlerin indeksi de o program içinde mevcud olan indeksle yapılır. Değişik bilgisayar programlarının indeksleri birbirinden biraz farklı olmakla beraber yapılış tarzı hemen hepsinde aynı olup oldukca kolaydır. Bilgisayarda indeks yapmak için çalışılan dosyada indekse girecek kelimenin üzerine gidilip bloklanır. "Kanûnî Süleyman", "İbrahim Paşa", "İstanbul", "Gelibolu", "yed-i vâhid", "cizye" gibi. Bu bloklanan kelime, o programa has komutla indekse alınır. İndeksde ise, aynı isimdeki şahısların birbirine karışmaması için, eğer bloklanan kısımda yoksa, sıfatı da ilâve edilir ve bundan sonra bu isim geçtiğinde hep aynı tarzda yazılmağa îtinâ gösterilir.

Bazı indeks programlarında imlâ yeknesaklığını sağlamak için daha önce o kelimenin yazıldığı şekil bulunup işaretlenmekte, böylece farklı imlâların ortaya çıkması önlenmektedir. Zîrâ, bir aksânın eksik veya fazla konması, kelimenin "ı" veya "i" ile yazılması; hatta kelimenin, metin içinde, cümlenin başında veya ortasında bulunması dolayısiyle büyük veya küçük harfle başlaması, indeksde birden çok maddenin ortaya çıkması neticesini doğuracaktır. Onun için bilgisayarda indeks yaparken ilk şart imlâ birliğinin sağlanmasıdır.

İndeks programlarında, birbirinden farklı şekilde tertib edilmiş olmakla beraber, indekse girecek maddenin izahının yapıldığı, ikinci bir yer daha vardır. İşte, o isim veya tabirin ne şekilde geçtiği buraya yazılacaktır. Meselâ, "Kanûnî Süleyman" maddesinde "–'nın Mohaç seferi", "– kanunları", yahut "– devrinde Osmanlı-İran münâsebetleri" gibi. Tabiî, burada da aynı başlık altında toplanacakların birbirinden farklı şekillerde yazılmamalarına dikkat etmek gerekmektedir. Bu arada genel indeksde şahıs adlarının tamamının büyük, yer adlarının yalnız ilk harflerinin büyük, tabirlerin italik olarak yazılmaları gerektiği de unutulmamalıdır. Bu şekiller indekse girerken verilirse sonra hepsiyle ayrı ayrı uğraşılmak külfetinden kurtulunmuş olunur.

Bütün kitab bu şekilde işaretlendikten sonra, eğer mümkünse henüz sıraya konmadan bir çıkış alınıp, istenilen maddelerin hepsinin indekse girip girmedikleri kontrol edilebilir. Eğer buna ihtiyac görülmezse, yine o programa has komutla bunlar alfabetiğe koydurulur. Alfabetik olarak dizildikten sonra aynı maddenin gözden kaçmış farklı yazılış şekilleri varsa ortaya çıkar. Bazı indeks programlarında, yeniden indeksin ilk şekline girilerek bunların düzeltilmesi mümkün olabilmektedir. Eğer bu yapılamıyorsa son şekil üzerinden düzeltme yapılır. Şahıs ve yer isimleriyle tabirlerin açıklamaları daha önce yapılmamışsa bu şekil üzerinde ilâve edilir. Aynı madde meselâ,

ÂLÎ PAŞA, Mehmed Emin, 15

ÂLİ PAŞA, Mehmed Emin, 15

Âlî PAŞA, Mehmed Emin, 15 şeklinde aynı veya farklı imlâ ile birkaç def'a yazılmışsa sayfa numaraları bir tanesinde toplanıp diğerleri iptal edilir.

Bilgisayar indeks programları, genellikle aynı başlık altındaki izahları, satırı devam ettirmek şeklinde değil, alt alta yazmak suretiyle vermekte, bu da yer kaybına sebeb olmaktadır. Meselâ, İstanbul maddesi şu şekilde sıralanmaktadır:

İstanbul, 15, 23, 26
- Millet Kütübhanesi, 39
- Müftülüğü, bk. arşiv
- Üniversitesi, 39, 41
- Üniversitesi Kütübhanesi, 48, 49
- 'daki şer'iyye sicilleri, 55

Bunu bertaraf etmek için, bir önceki tâlî maddenin bitimine noktalı virgül (;) koyup müteâkib tâlî kısım bunun yanına çekilmelidir.

İstanbul, 15, 23, 26; – Millet Kütübhanesi, 39; – Müftülüğü, bk. arşiv; – Üniversitesi, 39, 41; – Üniversitesi Kütübhanesi, 48, 49; – 'daki şer'iyye sicilleri, 55.

Böylece indeks tamamlanmış olur. Gözden kaçmış bir husus bulunup bulunmadığı tekrar kontrol edilir, varsa düzeltilir ve son şekil verildikten sonra baskıya gönderilir.

Kitab masaüstü yayıncılık sistemine göre değil de artık pek azalmış olan linotip sistemle dizilip basılmışsa, böyle bir metnin bilgisayarda indeksinin yapılması için özel bir indeks programı gerekir. Bu da ancak bilgisayarda program yapmasını bilenlerce hazırlanabilir. Böyle bir programda fiş yapılır gibi indekse girecek bütün kelimelerin sayfa numaraları ile birlikte bilgisayarda alt alta yazılması gerekir. Bu iş bittikten sonra yapılan programın hüviyetine göre alfabetiğe konulur. Tabiî imlâ yeknesaklığı bunun için de geçerlidir.

3. İndeksin Tertibi

İndeks teknik bakımdan iki türlü olabildiği gibi tertib bakımından da iki türlüdür.

a. *Genel İndeks*

Bunda şahıs, yer, devlet, millet, madde isimleri ve tabirler ayırd edilmeksizin hepsi tek bir indekste verilir. Fakat hepsinde farklı bir yazı karakteri kullanılmak suretiyle ilk bakışta birbirinden ayrılması mümkün olur. Meselâ,

şahıs adlarının tamamı büyük harf

yer adlarının ilk harfi büyük

kitap adları sık italik

müessese adları ve tabirler seyrek italik gibi değişik karakterler kullanılabilir.

Tarih-i Vassâf

TİMUR

Tokad

T u ğ r a î

Analitik genel indekste sadece ismin yazılmayıp ne münâsebetle geçtiğinin de gösterildiğine işaret edilmişti. Şimdi bunun nasıl yapılacağını görelim.

Şahıs ismi ise büyük harfle yazılıp bir virgül konduktan sonra sıfatı ilâve edilir ve ismin o sıfattan sonra geldiğini göstermek üzere yarım cm.lik çizgi çekilir. Parantez içinde daha önce işaret edilen bilgiler verilir. Sadece isim geçiyorsa virgül konup sayfa numarası yazılır. Daha sonraki sayfalarda başka vazife ve faaliyetlerinden bahs olunuyorsa noktalı virgül konulup yine "—" çekilerek o vazife veya faaliyeti yazılır, virgülle ayrılıp sayfa numarası konur ve bu böyle devam eder. Analitik indeksteki bu çizgi, madde başı olan ismin mevcudiyetini gösterir.

Bibliyografyada olduğu gibi indekste de maddenin bir satırı aşması halinde ikinci ve müteâkib satırlar biraz içerden yazılır.

A

ABDURRAHİM bin MEHMED (İstanbul kadısı, 1640-41), 18, 42, 289; —'in Anadolu (1641- 44) ve Rumeli (1644-46) kadıaskerliği, 42n.

ABDURRAHMAN PAŞA, Tevkı'î — (ö. 1692), 7; — *Kanunnâmesi,* 7, 20n.

Aksaray (İstanbul'da semt), 263, 329; — mîzânı, 328.

ÂLÎ MUSTAFA EFENDİ, Gelibolulu — (Müverrih), 5, 6n, 77; —'nin narh hakkındaki görüşleri, 5, 6.

Âsafnâme (Sadrazam Lütfi Paşa'nın eseri), 4.

A y a k (dokumacılık terimi), atlas —ı, 60; bez —ı, 60; dimi —ı, karınca —, 60, 110.

Bir harfteki maddeler bitip diğeri başlarken biraz aralık verilir ve yeni başlayacak harf ortaya yazılarak devam edilir.

b. *Gruplandırılmış İndeks*

Bu tip indeste şahıs, yer, kavim, müessese adları ayrı ayrı gruplandırılır. Tabiî her eserin mahiyetine göre bu gruplar değişecektir.

Meselâ Prof. Dr. Faruk Sümer'in *Oğuzlar* adlı eserinde bu gruplandırma

I. Kişi adları

II. El (Kavim) oymak, boy, devlet ve hanedan adları

III. Yer adları

IV. Maddeler şeklindedir.

Ord. Prof. İ.H. Uzunçarşılı'nın *Osmanlı Devleti'nin Merkez ve Bahriye Teşkilâtı*'nda

I. Kişi adları

II. Yer ve topluluk adları

III. Terimler ve önemli maddeler,

Osmanlı Devleti'nin İlmiye Teşkilâtı'nda ise

I. Kişi adları

II. Yer, kavim, devlet adları ve tarihî deyim ve terimler.

Prof. Dr. Ahmet Mumcu'nun *Osmanlı Devletinde Siyaseten Katl* adlı eserinde

Kişi adları

Diğer adlar ve deyimler şeklindedir.

Misâllerde de görüldüğü gibi bu tip indekste gruplar, kitabın mahiyeti de rol oynamakla beraber daha çok yazarın takdirine kalmaktadır.

Yalnız bu tipte, kitabın «içindekiler» kısmında sadece «indeks» veya «dizin» denmiş ve ayırım gösterilerek herbirinin başlangıç sayfaları verilmemişse okuyucu hataya düşebilecek, meselâ «H» harfinde aradığı kelimeyi bulamayabilecek, indeks sayfalarını tekrar tekrar karıştırarak zaman kaybedecektir.

Gruplandırmalı indekste fişler sıraya konurken ikinci bir işin yapılması gerekmektedir. Her gruba girecek fişler ayrı bir yerde toplanacak ve hepsi kendi içinde alfabetiğe konacaktır. Önce ayırım yapılıp sonra alfabetiğe konulabileceği gibi, alfabetiğe konulduktan sonra da grup grup ayrılabilir. Bu ikincisi daha pratiktir.

Genel indekste hem yazarın işi azalmakta hem de okuyucu istediğini daha kolay bulabilmektedir.

İndeks, daktilo edilirken diğer sayfalar gibi yazılırsa da dizgide fazla yer tutmaması için, 8 punto ile ve «karnı yarık» şeklinde, yani çift sütun olarak dizilir.

D. Düzeltmeler (Yanlış-Doğru Cetveli)

Bir eser ne kadar îtinâ edilirse edilsin tashih sırasında bazı dizgi yanlışları gözden kaçabilir. Bunlar, sayıca çok az ve mânâyı bozacak nitelikte değilse, ihmal edilebilirse de fazla olması ve tarih, rakam ve mânâyı bozacak yanlışların olması halinde, baskı bittikten sonra dikkatle okunarak sona yanlışların düzeltildiği bir cetvel eklenmesi gerekir.

«*Yanlış - doğru cetveli*» de denen bu cetvel: sayfa, satır, yanlış ve doğru olmak üzere dört sütun üzerine düzenlenir.

Sayfa	**Satır**	**Yanlış**	**Doğru**
5	23	gömüldükte	görüldükte
29	7	1973	1873

gibi.

E. İçindekiler ve Kapağın Hazırlanması

İndeks de basılıp bittikten sonra sıra baştaki formaya gelir. Bunun ilk sayfasında astar kapakta (s. I) kitabın sadece ismi bulunur ve genellikle karton kapaktakinden farklı bir punto kullanılır. Üçüncü sayfa (s. III) ise karton kapağın aynıdır. Bundan sonra (s. V) «içindekiler», «önsöz» ve eğer metinden sonra yazılmışsa ve metnin numaralandırılmasına karışması istenmiyorsa «giriş» kısmı yer alır. Kitabın bu kısmı romen rakamlarıyla numaralandırılır. Bu kısım 4, 8, 12, 16 gibi bir forma veya boş yaprak kalmaması için 16'nın bölünebileceği kadar sayfa sayısını ihtiva eder. Tabiî giriş bu kısma dahil edilir ve uzun olursa bir formayı geçebilir.

İçindekiler, önsöz ve kapak dizilip sayfalar son şeklini aldıktan sonra hazırlanır. Kitabın plânı, bütün teferruatiyle ve her bölüm, kısım, fasıl başlıklarıyla alt başlıkların isimleriyle karşılarına, hepsi aynı hizada olmak üzere başlangıç sayfaları konularak hazırlanır.

İçindekilerden sonra «önsöz» ve «kısaltmalar» konur. Eğer kaynaklar hakkında bir tanıtma varsa buraya girer. Bazı eserlerde, bibliyografya da başa alınmakta ve kaynaklardan sonra yer verilmektedir.

Sonra giriş ve sırasiyle bölümlere geçilir. Eğer kitabta ithaf bulunacaksa kapak sayfasından sonra müstakil bir sayfaya ve sayfanın üst yarısına yerleştirilir. Baskıyı müteâkıb eser cildlenerek okuyuculara sunulmaya hazır duruma getirilir.

Ekler

I

ÇEŞİTLİ TÜRDEKİ ESER PLÂNLARINA ÖRNEKLER

BİYOGRAFİK ESER PLÂNLARINA ÖRNEKLER

Çok Yönlü Bir Şahsiyetin Biyografisi

(Ahmed Cevdet Paşa)

I. Hayatı

A. Âilesi ve Gençliği

1. Âilesi
2. Yetiştiği çevre
3. Çocukluğu
4. Tahsili, pâyeleri

B. Devlet Hizmetleri

1. İlk hizmetleri ve Reşid Paşa'ya intisabı
2. Taşradaki vazifeleri

a) Müfettişlikleri

aa) İşkodra

ab) Bosna-Hersek
ac) Kozan
b) Valilikleri
ba) Haleb
bb) Bursa
bc) Maraş
bd) Yanya
be) Suriye

3. Nazırlıkları
a) Evkaf
b) Maarif
c) Adliye
d) Dahiliye
e) Ticaret ve Ziraat

4. İlmî Faaliyetleri
a) Vak'anüvisliği
b) Meclis ve cemiyet âzalıkları
ba) Meclis-i Ahkâm-ı Adliye
bb) Şûrâ-yı Devlet Tanzimat Dairesi
bc) Mecelle Cemiyeti

II. Şahsiyeti
A. İlim adamı
B. Devlet adamı
C. Âile babası

III. Eserleri
A. Tarih
B. Hukuk
C. Edebî
D. Mantık
E. Diğer eserleri

İlmiye Mensubu Biyografisi
(Ebussuud Efendi)

I. Hayatı
   A. Âilesi ve tahsili
      1. Âilesi
      2. Doğum yeri ve tarihi (Değişik görüşlerin münâkaşası yapılacaktır)
      3. Tahsili

   B. İlmiyyedeki mertebeleri
      1. Müderrislikleri
         a) İshak Paşa (İnegöl)
         b) Davud Paşa
         c) Mahmud Paşa
         d) Çoban Mustafa Paşa (Gebze)
         e) Bursa Sultaniye
         f) Sahn-ı Seman
      2. Kadılıkları
         a) Bursa
         b) İstanbul
      3. Kadıaskerliği
      4. Şeyhülislâmlığı

II. Şahsiyeti ve soyundan gelenler
   A. Şahsiyeti
   B. Soyundan gelenler

III. Eserleri
   A. Fetvaları
   B. Kanunları
   C. Tefsirleri
   D. Şiirleri

Devlet Adamı Biyografisi
(Sokollu Mehmed Paşa)

I. Hayatı

A. Âilesi ve tahsili
1. Âilesi ve çocukluğu
2. Enderunda yetişmesi
a) Edirne Sarayı
b) Topkapı Sarayı

B. Saraydaki vazifeleri
1. Rikâbdarlığı
2. Çukadarlığı
3. Silâhdarlığı
4. Çaşnigirbaşılığı

C. Saray dışındaki vazifeleri
1. Kapudân-ı Deryalığı
2. Rumeli Beylerbeyiliği
a) Avusturya
b) İran Harbine memuriyeti
3. Vezirlikleri
a) Üçüncü vezirliği
b) İkinci vezirliği

D. Sadrâzamlığı
1. Batı ile olan münâsebetler
a) Avusturya münâsebetleri
aa) Sigetvar Seferi (Kanûnî devri)
ab) Sulh yenilenmesi (III. Murad devri)
b) Venedik münâsebetleri
ba) Kıbrıs'ın fethi

bb) İnebahtı muharebesi

bc) 1573 muâhedesi tecdidi

c) Lehistan münâsebetleri

ca) Lehistan seçimi (II. Selim devri)

cb) Lehistan tahtı meselesi (III. Murad devri)

d) Fransa münâsebetleri

da) 1569 ahidnâmesi

db) Fransa'nın Floransa ile anlaşmasını engellemesi

e) İngiliz münâsebetleri

İngilizler'in ahidnâme alma teşebbüsleri

2. İslâm Âlemi ile münâsebetler

a) Açe Sultanına yardım

b) Ejderhan seferi Don-Volga kanalı teşebbüsü

c) Tunus Seferi

d) İran Seferi

E. Gözden düşmesi ve şehâdeti

II. Şahsiyeti ve Soyundan Gelenler

A. Şahsiyeti

B. Evliliği

C. Soyundan gelenler

III. Hayır Eserleri

A. İstanbul'dakiler

1. Kadırga

2. Azapkapısı

B. Edirne'dekiler

C. Bosna'dakiler

D. Diğerleri

1. Dimetoka

2. Lüleburgaz

3. Vişegrad

SİYASÎ TARİHLE İLGİLİ ESER PLÂNI

Rıfat Uçarol, *1878 Kıbrıs Sorunu ve Osmanlı-İngiliz Anlaşması (Adanın İngiltere'ye Devri)*, İstanbul 1978.

Giriş

I. Bölüm

A. Kıbrıs Sorununu Hazırlayan Siyasî Gelişmeler
B. 1877-78 Osmanlı-Rus Savaşı ve Ortaya Çıkardığı Yeni Statü

II. Bölüm

A. İngiltere'nin Kıbrıs'a Yerleşmek İsteği
1. İngiltere'nin Önasya ve Akdeniz politikası
2. İngiltere'nin Akdeniz politikasında Kıbrıs'ın yeri ve önemi

B. İngiltere'nin Kıbrıs'a Yerleşmek İçin Yaptığı Girişimler
1. İngiltere Kıbrıs'a yerleşmeye karar veriyor
2. Diplomatik faaliyetler
a) İngiltere'nin istek ve teklifleri
b) İngiltere'nin teklif ettiği ittifak anlaşması
c) Londra'nın Bâbıâli üzerine yaptığı baskılar

C. İngiltere'nin Kıbrıs'a Yerleşmesini Sağlayan Antlaşma ve Ekleri
1. 4 Haziran 1878 tarihli anlaşma
2. 1 Temmuz 1878 tarihli ek
3. Anlaşmanın onaylanması sorunu - İngiltere'nin artan baskıları
4. İngiltere'nin Kıbrıs'ın yönetimini devralmasını öngören fermanın imzalanması
5. İttifak anlaşmasının onaylanması
6. Antlaşma hakkında Padişah ve Hükûmet'in Görüşleri

III. Bölüm

A. Kıbrıs'ın İngiltere'ye Devir ve Teslimi
1. İngiltere'nin Kıbrıs'a çıkması ve yönetimi devir alması

2. İngiliz yönetiminin başlaması karşısında Adadaki tepkiler

B. Osmanlı-İngiliz Antlaşmasının Uygulanmasından Doğan İlk Anlaşmazlıklar

Sonuç

SOSYAL VE İKTİSÂDÎ TARİHLE İLGİLİ ESER PLÂNI

Sabri Ülgener, *İktisâdî Çözülmenin Ahlâk ve Zihniyet Dünyası,* İstanbul 1981.

Giriş
Temeller ve Kaynaklar

Giriş
Başlangıç
1. Çağ ve zihniyet
2. Kaynaklar

Ortaçağ İktisat Ahlâkı ve Çözülme Devri Zihniyeti
I. Ortaçağ iktisat ahlâkı
1. Başlangıç
A. Temel kıymetler ve idealler
B. Kapanma ve Ahlâkîleşme yolunda
2. Ortaçağ ahlâkına toplu bir bakış
I. Genel çizgiler
II. Esnaf terbiyesi ve lonca ahlâkı
A. Durgun-kapalı sanat kavrayışı
B. Görenek ve otorite
Birkaç mülâhaza

II. Ortaçağ ahlâkından çözülme devri zihniyetine
I. Hisler ve ihtiraslar
1. Üst tabaka karşısında ortaçağ ahlâkı
2. Orta tabaka ve aşağısı

ŞEHİRLERİN SOSYAL VE İKTİSÂDÎ TARİHİ İLE İLGİLİ BİR ESERİN PLÂNI

Feridun M. Emecen, *XVI. Asırda Manisa Kazası*, İstanbul 1989.

Giriş

I. Bölüm

Manisa Kazasının Merkezi: Manisa Şehri

- A. Manisa ve tarihi
  1. Saruhanoğulları
  2. Osmanlılar devri ve şehir idâresi
  3. Şehzadelerin şehirdeki ikametleri
- B. Şehrin fizikî yapısı, mahalleleri ve nüfusu
  1. Manisa Kalesi
  2. Mahalleler ve demografik durumu
- C. Şehirdeki ictimâî bünye, zümreler, fonksiyonları
- D. Şehirdeki iktisadî hayat ve ticaret
  1. Ticaret, sanayi ve şehrin ekonomik bünyesi
  2. Manisa çarşısı, pazarı ve esnafı
  3. Şehrin iâşesi meselesi
- E. Şehirdeki vakıf müesseseleri ve vakıflara göre tarihî eserler
  1. Mescidler
  2. Câmi ve imaretler
  3. Diğer eserler

II. Bölüm

Manisa Kazasının İdarî Teşkilâtı, Nâhiyeler ve Kır İskân Merkezleri

- A. Manisa kazasındaki idârî birimler ve kır iskân merkezleri
  1. Kır iskân merkezlerinin kuruluş ve toponomisi
  2. Kır iskân merkezlerinin hususiyetleri

MÜESSESE TARİHİ İLE İLGİLİ BİR ESERİN PLÂNI

Ahmet Mumcu, *Hukuksal ve Anayasal Karar Organı Olarak Divan-ı Hümayun*, Ankara 1976.

Giriş

I. Konunun önemi ve sınırlandırılması

II. Kaynaklar

1. Belgeler
2. Kanunnâmeler
3. Osmanlı yazarlarının tarihleri
4. Osmanlı yazarlarının devlet örgütü üzerindeki eserleri
5. Klâsik batı eserleri ve seyahatnâmeler
6. Modern araştırmalar

III. Divanların kökeni ve Osmanlı Devletine kadar gelişimi

I.Bölüm

Divan-ı Hümayun'un Tarihsel Gelişimi

I. İlk dönemlerden II. Mehmed zamanına kadar

II. Divan-ı Hümayun'un gelişkin dönemi

III. Divan-ı Hümayun'un yozlaşması ve ortadan kalkması

II. Bölüm

Divan-ı Hümayun'un Yapısı

I. Genel olarak

II. Osmanlı Devleti'nin merkez örgütü içinde Divan-ı Hümayun'un yeri

III. Divan-ı Hümayun'un üyeleri ve yardımcıları

1. Genel olarak
2. Padişahın durumu
3. Asıl üyeler

A. Vezir-i azam

B. Kubbealtı vezirleri

C. DH'un karar düzeltme veya temyiz yeri olması durumu
D. Usul sorunları ve infaz
a) DH'a başvurma (Yakınma-şikâyet)
b) Duruşmalı yargılama (Murafaa)
c) Duruşmasız yargılama
d) Hüküm
da) DH'da kesin hükmün verilmesi
db) DH'dan ilgili mahkemeye hüküm verme buyruğu çıkması
dc) DH'un soruşturmaya yardım etmesi
e) İnfaz
4. İdare (yönetim) hukuku alanındaki yetkiler
A. Genel olarak
B. Atama (tevcih) işleri
C. İdarî (yönetsel) denetim işleri
D. Diğer yönetsel işler
IV. Divan-ı Hümayun'un iktisadî - malî işlerdeki yetkileri
1. Vergi işlerinde
2. Çeşitli iktisadî-malî işlerde
3. Malî yargı
V. Divan-ı Hümayun'un diğer işlerdeki yetkileri
VI. Divan-ı Hümayun'un çalışma ve karar verme biçimi
1. Toplantı yeri ve toplantı hazırlığı
2. Toplantı
A. Başkanlık ve toplantının açılışı
B. Görüşmeler ve karar
a) Genel olarak
b) Siyasal ve yönetsel (idarî) konularda görüşme ve karar
c) Yargısal konular ve sorunlarda görüşme ve karar
C. Karar sonucunda yapılan bürokratik işlemler
D. Toplantının bitişi
3. Padişah onayı (arz)
4. Özel durumlarda yapılan toplantılar

TEŞKİLÂT TARİHİ İLE İLGİLİ ESER PLÂNI

Cengiz Orhonlu, *Osmanlı İmparatorluğunda Derbend Teşkilâtı,* İstanbul 1967.

Giriş

I. Bölüm

Derbend Teşkilâtının Tavsifi ve Bir Yerin Derbend Olmasının Şartları

A. Derbend teşkilâtının kuruluş ve teşekkül tarihi

B. Derbend şekilleri

a) Derbend mahiyetinde kaleler

b) Büyük vakıf şeklindeki derbend tesisleri

c) Köprü yerlerinde bulunan derbendler

II. Bölüm

Derbendcilerin Hukukî Nizamı

A. Derbendcilerin tâbi oldukları vergi nizamı

B. Derbendci tâyini ve derbendcilerin evsafı

C. Derbendlerin hududları

D. Derbendcilerin görevleri

a) Bir nevi jandarma kuvveti olarak yollarda ve geçitlerde asayiş ve emniyeti temin etmek

b) Yolların muhafaza ve tâmir işlerinde çalışmak

c) Issız yerleri şenlendirme

III. Bölüm

Derbendlerin İctimaî Teşkilâtı

Derbendcibaşı, derbendci bölükbaşısı, derbend ağalığı

Derbend teşkilâtına dahil olan zümreler

a) Beldarlar

b) Martoloslar

c) Pandorlar

d) Geçit bekçileri

IV. Bölüm

Bir İskân Metodu Olarak Derbendlerin Kullanılması

Ziraat için toprak dağıtımı-sulama tertibatı

V. Bölüm

Derbendlerin Bozulması ve Islah Teşebbüsleri

a) Muafiyet usûlüne aykırı vergi istenmesi

b) Derbend idarecilerinin kifâyetsiz ve sorumsuz oluşları

c) Şaki gruplarına karşı tesirsiz kalmaları

Hükûmetin aldığı tedbirler

A. Anadolu'da hanların ve derbendlerin müstahkem hale getirilip yeniden teşkilâtlandırılmaları

B. 1772 yılında martolos ve pandorların lâğvı için başarısız teşebbüs

VI. Bölüm

Derbendat Nezâreti

VII. Bölüm

Tanzimattan Sonra Derbend Teşkilâtının Yeni Kurulmuş Olan Zabtiye İdaresine Verilmesi

ONDALIK SİSTEME GÖRE YAZILMIŞ BİR ESER PLÂNI

Ülker Akkutay, *Enderûn Mektebi,* Ankara 1984.

Giriş

1. Osmanlı devlet teşkilâtı'nın ana bölümleri
   1.1. Saray teşkilâtı
      1.1.1. Bîrûn halkı

1.1.2. Enderûn halkı
1.1.3. Harem halkı
1.2. İdare teşkilâtı
1.3. Askerî teşkilâtı
2. Osmanlı İmparatorluğunda eğitim sistemi
2.1. Eğitim Politikası
2.1.1. Başlangıçtan 19. yüzyıla kadar
2.1.2. Tanzimat'dan Cumhuriyet'e kadar
2.2. Geleneksel eğitim sistemi
2.2.1. Örgün eğitim
2.2.1.1. İlköğretim
2.2.1.2. Orta ve yükseköğretim
2.2.1.2.1. Medreseler
2.2.1.3. Askerî eğitim kurumları
2.2.1.3.1. Acemioğlanlar ocakları
2.2.1.3.2. Yeniçeri ocakları
2.2.1.4. Yöneticilerin eğitimi
2.2.1.4.1. Şehzâdelerin eğitimi
2.2.1.4.2. Enderûn Mektebi
2.2.1.5. Meslekî eğitim
2.2.1.5.1. Ahi birlikleri
2.2.2. Yaygın eğitim
2.2.2.1. Camiler
2.2.2.2. Tekkeler ve zaviyeler
2.2.2.3. Kütüphâneler
2.3. Devlete bağlı olarak açılan yeni okul kuruluş sistemi
2.3.1. İlköğretim
2.3.1.1. Mekteb-i iptidai
2.3.1.2. Mekteb-i rüşdiye
2.3.2. Ortaöğretim
2.3.2.1. Mekteb-i idadi
2.3.2.2. Mekteb-i sultani
2.3.3. Meslekî ve teknik öğretim
2.3.4. Öğretmen yetiştirme

4.3.5. İç oğlanların kıyafet ve maaşları

5. Enderûn Mektebinde öğretimin kademeleri ve esasları

5.1. Aileye verme

5.2. Hazırlık sarayları

5.2.1. Edirne Sarayı

5.2.2. Galata Sarayı

5.2.3. İbrahim Paşa Sarayı

5.2.4. İskender Çelebi Sarayı

5.3. Enderûn-ı Hümâyûn

5.3.1. Büyük ve Küçük Oda

5.3.2. Doğancı Koğuşu

5.3.3. Seferli Koğuşu

5.3.4. Kiler Koğuşu

5.3.5. Hazîne Odası

5.3.6. Has Oda

6. Enderûn Mektebindeki eğitimin amaçları ve vasıtaları

6.1. Eğitimin amaçları

6.1.1. Kültürleştirme

6.1.2. Disiplinleştirme

6.1.3. Kabiliyetleri yöneltme ve destekleme

6.2. Eğitimin vasıtaları

6.2.1. Ceza ve mükâfat

6.2.2. Çıkmalar

6.3. Eğitimin şekli

6.3.1. Seçkinler eğitimi

6.3.2. İdarecilik eğitimi

II

OSMANLI TARİHİ ARAŞTIRMALARINDA BAŞVURULACAK BAŞLICA ESERLER

1. Bibliyografyalar

ACIR, Benal, *Ankara Üniversitesi Dil ve Tarih-Coğrafya Fakültesi Yayınları Bibliyografyası (1935-66)*, AÜDTCF yay., Ankara 1968.

BİNARK, İsmet, *Türk-İslâm Kültür ve Medeniyeti Tarihi Bibliyografyası*, Önasya yay., Ankara 1969.

DUMAN, Hasan (Haz.), *Osmanlı Yıllıkları (Salnameler ve Nevsaller) - Bibliyografya ve Bazı İstanbul Kütüphanelerine Göre Bir Katalog Denemesi*, İslâm Tarih, Sanat ve Kültür Araştırma Merkezi (IRCICA) yay., İstanbul 1982.

_____, *İstanbul Kütüphaneleri Arap Harfli Süreli Yayınlar Toplu Kataloğu*, (*1828-1928*), IRCICA yay., İstanbul 1986.

DURUSOY, Orhan, *İstanbul Belediye Kütüphanesi Alfabetik Kataloğu*,III. Osman Ergin Kitabları, Türkçe ve yabancı dil basma eserler, İstanbul 1954.

ERZİ, Adnan, *Belleten Dizini*, I (sayı 1-100) - II (sayı 101-140), TTK yay., Ankara 1971-72.

GÖKMAN, Muzaffer, *Atatürk ve Devrimleri Tarihi Bibliyografyası ve Eki*, 2. Baskı, MEB. yay., nr. 2 ve 2b., İstanbul 1968-74 (eki).

KARATAY, Fehmi Edhem, *İstanbul Üniversitesi Kütüphanesi Türkçe Basmalar Alfabe Kataloğu*, I-II, İstanbul 1956.

KÂTİB ÇELEBİ, *Keşfü'z-zünûn* (Şerefeddin Yaltkaya ve Kilisli Rıfat Bilge neşri), İstanbul 1971[2].

KORAY, Enver, *Türkiye Tarih Yayınları Bibliyografyası*, I (1729-1955), II (1955-1968), III (1968-1977), IV (1978-1984), İstanbul 1959, 1971, 1985, 1987.

KORNRUMPF, Hans - Jürgen ve Jutta Kornrumpf, *Osmanische Bibliographie mit besonderer Berücksichtigung der Türkei in Europa,* Leiden/Köln 1973.

KUT, A. Turgut, «Türkçe Yazma Eserler Katalogları Repertuvarı», *Türk Dili Araştırmaları Yıllığı - Belleten* (1972), TDK yay., Ankara 1973, s. 183-240.

LEVEND, Agâh Sırrı, *Türk Edebiyatı Tarihi,* I (Giriş), TTK yay., VIII. seri, sa. 18, Ankara 1973.

MEB ve Millî Kütüphane Bibliyografya Enstitüsü, *Türkiye Bibliyografyası* (1928'den îtibâren çıkan eserler), 1939–

MERÇİL, Erdoğan, *Belleten Dizini,* III (cild XXXVI-LI sayı 141-200), Ankara 1994.

Millî Kütüphane, *Türkiye Makaleler Bibliyografyası,* İstanbul 1952-65; Ankara 1966–

———, *Eski Harfli Türkçe Süreli Yayınlar Toplu Kataloğu* (teksir), Ankara 1963.

———, *Millî Kütüphanede Mevcud Arap Harfli Türkçe Kitapların Muvakkat Kataloğu,* Ankara 1964[2].

ÖZCAN, Abdülkadir, *İstanbul Üniversitesi Edebiyat Fakültesi Tarih Bölümü Tezleri (Lisans-Doktora),* İ.Ü. Edebiyat Fakültesi yay., nr. 3249, İstanbul 1984.

PEARSON, J.D. - Julia F. Ashton, *Index Islamicus 1906-1955. A Catalogue of Articles in Islamic Subjets in Periodicals and other Collective Publications,* Cambridge 1958–

ŞENALP, Leman, *İstanbul Üniversitesi Yayınları Bibliyografyası,* İ.Ü. Rektörlüğü yay., İstanbul 1966–

TİETZE, Andreas, *Turkologisher Anzeiger* (Türkoloji ile ilgili yayınlar dergisi), Viyana 1975–

YEŞİLOĞLU, Adnan, *Ankara Üniversitesi Dil ve Tarih-Coğrafya Fakültesi Yayınları Bibliyografyası (1935-1956),* AÜ DTCF yay., Ankara 1958.

2. Yazma Eserler Katalogları

BABINGER, Franz, *Osmanlı Tarih Yazmaları ve Eserleri,* çev. Coşkun Üçok, Kültür ve Turizm Bakanlığı yay., nr. 435, Ankara 1982.

BLOCHET, E., *Catalogue des Manuscrits Turcs,* I (Ancien fonds turc, nr. 1-396,

Supplément, nr. 1-572) - II (Supplément, nr. 573-1419), Paris 1932, 1933.

Bölge Yazma Eserler Kütüphanesi Teşkilât ve Kataloğu. Konya, Konya 1986.

FLEMMING, Barbara, *Türkische Handschriften I* (B. Berlin, Prusya Kültür Varlığı Devlet Kütüphanesi Kataloğu), Wiesbaden 1979.

FLÜGEL, Gustav, *Die arabischen, persischen und türkischen Handschriften der Kaiserlich - Königlichen Hofbibliothek zu Wien,* I-III, Wien 1965-67.

GÖLPINARLI, Abdülbâkî, *Mevlânâ Müzesi Yazmalar Kataloğu,* I-III, MEB Eski Eserler ve Müzeler Genel Müdürlüğü yay., seri III, no. 6, Ankara 1967, 1971, 1972.

GÖTZ, Manfred, *Türkische Handschriften II,* Wiesbaden 1968.

______, *Türkische Handschriften IV* (B. Berlin, Prusya Kültür Varlığı Devlet Kütüphanesi Kataloğu), Wiesbaden 1979.

KARABULUT, Ali Rıza, *Kayseri Raşid Efendi Kütüphanesindeki Türkçe, Farsça, Arabça Yazmalar Kataloğu,* Kayseri 1982.

KARATAY, Fehmi Edhem, *Topkapı Sarayı Müzesi Kütüphanesi Türkçe Yazmalar Kataloğu,* I (Din, Tarih, Bilimler) - II (Filoloji, Edebiyat, Mecmualar), İstanbul 1961.

Kültür Bakanlığı Kütüphaneler Genel Müdürlüğü, *Türkiye Yazmaları Toplu Kataloğu* (TÜYATOK), Kültür ve Turizm Bakanlığı yay. Ankara 1979–

Maarif Vekilliği, *İstanbul Kütüphaneleri Tarih-Coğrafya Yazmaları Kataloğu,* fas. 1-11, İstanbul 1943-62.

Millî Kütüphane, *Millî Kütüphane Yazmalar Kataloğu,* I-II, Ankara 1987-88.

MINORSKY, V., *The Chester Beatty Library, A Catalogue of the Turkish Manuscripts and Miniatures,* Dublin 1958.

PARMAKSIZOĞLU, İsmet, *Manisa Genel Kütüphanesi Tarih-Coğrafya Yazmaları Kataloğu,* MEB yay., İstanbul 1952.

PEARSON, J.D., *Oriental Manuscripts in Europe and North America, A Survey,* Unesco, Switzerland 1971.

PERTSCH, Wilhelm, *Verzeichniss der türkischen Handschriften der Königlichen Bibliothek zu Berlin,* Berlin 1889.

RIEU, Charles, *Catalogue of the Turkish Manuscripts in the British Museum,* London 1888.

ROSSI, Ettore, *Elenco dei manoscritti turchi della Biblioteca Vaticana: Vaticani, Barberiniani, Borgiani, Rossiani, Chigiani,* Cittàdel Vaticano 1953.

SACHAU, Edward (başlayan), Hermann Ethé (devamı ve editör), *Catalogue of the Persian, Turkish, Hindustani and Pushtu Manuscripts in the Bodleian Library,* Oxford 1889-1954 (Türkçe 280 eser Ethé'nin hazırladığı kısımdadır).

SOHRWEIDE, H., *Türkische Handschriften III* (B. Berlin, Prusya Kültür Varlığı Devlet Kütüphanesi Kataloğu), Wiesbaden 1974.

———, *Türkische Handschriften V* (B. Berlin, Prusya Kültür Varlığı Devlet Kütüphanesi Kataloğu), Wiesbaden 1981.

ŞEŞEN, Ramazan - Cemil Akpınar - Cevad İzgi (haz.), *Türkiye Kütüphaneleri İslâmî Tıp Yazmaları (Arapça, Türkçe, Farsça) Kataloğu,* IRCICA yay., İstanbul 1984.

———, *Catalogue of Manuscripts in the Köprülü Library,* I-III, İstanbul 1986.

TORNBERG, C.J., *Codices Arabici Persici et Turcici Bibliothecae Regiae Universitatis Upsaliensis,* Upsaliensis 1849.

ZETTERSTEEN, K.V., *Die Arabischen, Persischen und Türkischen Handschriften der Universitätsbibliothek zu Uppsala,* I-IV, Uppsala 1930-35.

3. Arşiv Klavuzları

AKGÜNDÜZ, Ahmet, *Şer'iye Sicilleri, Mahiyeti, Toplu Kataloğu ve Seçme Hükümler,* I, Türk Dünyası Araştırmaları Vakfı yay., nr. 52, İstanbul 1988.

AKTAŞ, Necati - İsmet Binark, *Ottoman Archives, Başbakanlık Arşivi, İstanbul* (Arabca terc. Salih Sadawi Salih), IRCICA yay., Amman 1987.

Başbakanlık Osmanlı Arşivi Rehberi, Haz. Y.İ. Genç-A. Mutaf-M. Küçük-S.Satar-İ. Karaca, BOA yay. nr. 5, Ankara 1992.

ÇETİN, Atillâ, *Başbakanlık Arşivi Kılavuzu,* Enderun Kitabevi yay., İstanbul 1979.

ERSOY, Osman, «Şer'iyye Sicillerinin Toplu Kataloğuna Doğru», *AÜDTCFD,* XXI/3-4, Ankara 1963, s. 33-65.

HALAÇOĞLU, Yusuf, «Şer'iyye Sicillerinin Toplu Kataloğuna Doğru (Adana Şer'iyye Sicilleri)», *Tarih Dergisi,* sayı 30, İstanbul 1976, s. 99-108.

İLGÜREL, Mücteba, «Şer'iyye Sicillerinin Toplu Kataloğuna Doğru», *Tarih*

Dergisi, sayı 28-29 (1975), s. 123-166.

Maarif Vekâleti - Topkapı Sarayı Müzesi Müdürlüğü, *Topkapı Sarayı Müzesi Arşivi Kılavuzu,* I-II, İstanbul 1938, 1940.

ONGAN, Hâlit, *Ankara'nın I Numaralı Şer'iyye Sicili (991-992/1583-84),* AÜDTCF yay., nr. 125, Ankara 1958.

———, *Ankara'nın II Numaralı Şer'iyye Sicili (997-998/1588-90),* TTK yay., XIV. Dizi - sa. 4, Ankara 1974.

Ruşen Eşref Ünaydın Arşivi, Topkapı Sarayı Müzesi yay., İstanbul 1958.

SERTOĞLU, Midhat, *Muhtevâ Bakımından Başvekâlet Arşivi,* Ankara, 1955.

Tanzimat Öncesi Merkez Evrakının Tasnif Kılavuzu ve Belge Örnekleri, Hz. A. Önay-M.E. Sarıcaoğlu-N. Akyıldız-S.Satır-Y. Zorlu, BOA yay. nr. 16, İstanbul 1994.

UZUNÇARŞILI, İsmail Hakkı - İbrahim Kemâl Baybora - Ülkü Altındağ, *Topkapı Sarayı Müzesi Osmanlı Saray Arşivi Kataloğu.* I. fas. *Fermanlar,* TTK yay., VII. dizi - sa. 81, Ankara 1985; II. fas. *Hükümler-Beratlar,* Ankara 1988.

4. Ansiklopediler

ARSEVEN, Celâl Esat, *Sanat Ansiklopedisi,* I-IV, MEB yay., İstanbul 1943-52.

Brockhaus Enzyklopadie, I-XX, Wiesbaden 1966-74.

Encyclopedia Americana, I-XXX, son baskı, Newyork 1984.

Encylopedia Britannica, I-XXIV, son baskı, Chicago 1986: Türkçesi: *Ana Britannica,* Ana yayıncılık, İstanbul 1986–1990.

Encyclopaedia of Islam, 1. edition (İng., Fr., Al.), I-V + supplément, Leiden 1912-42; 2. edition (İng., Fr.), Leiden 1954–

Grand Larousse Encyclopédique, I-X + supplément, Librarie Larousse, Paris 1960-68.

Der Grosse Brockhaus, I-XIV + Atlas, Wiesbaden 1952-63.

İslâm Ansiklopedisi, I-XIII, İstanbul 1941-86.

KOÇU, Reşat Ekrem, *İstanbul Ansiklopedisi* (E harfinde kesilmiştir), I-IX, İstanbul 1958-68.

Meydan-Larousse, I-XII + ek, İstanbul 1969–73.

ŞEMSEDDİN SÂMÎ, *Kamûsü'l-a'lâm,* I-VI (Tarih-coğrafya lügatı), İstanbul 1306–16.

Türk Ansiklopedisi, I-XXXIII, İstanbul 1943–84.

Türkiye Diyanet Vakfı İslâm Ansiklopedisi, İstanbul 1988–

5. L ü g a t l a r

AKSOY, Ömer Âsım, *Atasözleri ve Deyimler Sözlüğü,* I-II (Sözlük), III (Dizin ve Kaynakça), TDK yay., Ankara 1984.

ALİ CEVAD, *Memâlik-i Osmaniyye Tarih ve Coğrafya Lügati,* I-IV, İstanbul 1313-17.

EDİGER, Enver - Turan Dündar - Tevfik Güyagüler, *Madencilik Terimleri Kılavuzu,* TDK yay., nr. 460, Ankara 1979.

DEVELLİOĞLU, Ferit, *Osmanlıca-Türkçe Ansiklopedik Lûgat,* Ankara 1962.

GÜRÇAY, Lütfi (Derleyen), *Gemici Dili,* Gnl. Kur. Baş. Deniz Kuvvetleri Komutanlığı yay., İstanbul 1968[3].

HASOL, Doğan, *Ansiklopedik Mimarlık Sözlüğü,* Yapı-Endüstri Merkezi yay., İstanbul 1979[2].

KAHANE, H. R. - A. Tietze, The *Lingua Franca in the Levant. Turkish Nautical terms of Italian and Greek Origins,* Illionis 1958.

MEHMED SALÂHÎ, *Kâmûs-ı Osmânî,* İstanbul 1329.

MUALLİM NÂCÎ, *Lügat-ı Nâcî,* Asr Matbaası, İstanbul 1322.

PAKALIN, Mehmet Zeki, *Osmanlı Tarih Deyimleri ve Terimleri Sözlüğü,* I-III, İstanbul 1946-56.

REDHOUSE, James W., *Türkçe'den İngilizce'ye Lügat Kitabı,* İstanbul 1921.

SERTOĞLU, Midhat, *Osmanlı Tarih Lügati,* Enderun Kitabevi yay., nr. 18, İstanbul 1986.

STEİNGASS, F., *A Comprehensive Persian-English Dictionary,* tıpkı-basım, Librairie du Liban, Beyrut 1970.

ŞEMSEDDİN SÂMİ, *Kâmûs-ı Türkî,* İstanbul 1317.

Türk Dil Kurumu, *Türkiye'de Halk Ağzından Derleme Sözlüğü*, I-XI, Ankara 1963-79.

_____, *XIII. Yüzyıldan beri Türkiye Türkçesiyle Yazılmış Kitalardan Toplanan Tanıklarıyla Tarama Sözlüğü*, I-VI (Sözlük) - VII (Ekler) - VIII (Dizin), Ankara 1963-77.

_____, *Yeni Tarama Sözlüğü*, Ankara 1983.

6. M e c m u a l a r

a) Türkçe

Askerî Tarih Dergisi, Ankara 1976-77; devamı: *Askerî Tarih Bülteni*, Gnl. Kr. Askerî Tarih ve Stratejik Etüd Bşk. yay., Ankara 1978–

Belgeler - Türk Tarih Belgeleri, Türk Tarih Kurumu yay., Ankara 1964–

Belleten, TTK yay., Ankara 1937–

Dil ve Tarih-Coğrafya Fakültesi Dergisi, AÜDTCF yay., Ankara 1942–

Gelişme Dergisi - özel sayılar, I-II, ODTÜ., yay., Ankara 1978–80

Güney-Doğu Avrupa Araştırmaları Dergisi, İ.Ü. Edebiyat Fakültesi yay., İstanbul 1972–

İktisat Fakültesi Mecmuası, İÜİF. yay., İstanbul 1939–

Milletlerarası Şark Tetkikleri Cemiyeti Mecmuası (Orients), Leiden 1948–

Millî Tetebbular Mecmuası, Âsar-ı İslâmiyye ve Milliyye Encümeni yay., I-II (5 sayı), İstanbul 1331.

Siyasal Bilgiler Fakültesi Dergisi, AÜSBF. yay., Ankara 1943–

Tarih Araştırmaları, AÜDTCF Tarih Araştırmaları Enstitüsü yayın organı, Ankara 1963–

Tarih Dergisi, İ.Ü. Edebiyat Fakültesi yay., İstanbul 1949–

Tarih Enstitüsü Dergisi, İÜEF. Tarih Araştırma Merkezi yayın organı, İstanbul 1970–

Tarih İncelemeleri Dergisi, Ege Üniversitesi Edebiyat Fakültesi yay., İzmir 1983–

Tarih Vesikaları, I-III (15 sayı), 1941- 49; Yeni seri I (sayı 16-18), 1955- 61.

Tarih-i Osmânî Encümeni Mecmuası (TOEM), TOE yay., sene I-XIII, İstanbul 1328-42.

Tarih Semineri Dergisi, 1/2, II, İ.Ü. Edebiyat Fakültesi yay., İstanbul 1937, 1938.

Türk Hukuk ve İktisat Tarihi Mecmuası, I-II, İstanbul 1931.

Türk Hukuk Tarihi Dergisi, I, Ankara 1944.

Türk Tarih Encümeni Mecmuası (TOEM'in devamı - TTEM), TTE yay., sene XIV-XVII, 1340-1928; Yeni seri I (5 sayı), 1929-31.

Türkiyat Mecmuası, İ.Ü. Edebiyat Fakültesi yay., İstanbul 1925–

Türklük Araştırmaları Dergisi, Marmara Üniversitesi Fen-Edebiyat Fakültesi yay., İstanbul 1985–

Vakıflar Dergisi, Vakıflar Gnl. Md. yay., Ankara 1938–

b) Yabancı Dilde

Archivum Ottomanicum, Mouton 1969–

Bulletin of School of Oriental and African Studies (BSOAS), London 1917–

International Journal of Middle East Studies (IJMES), Cambridge University Press, London 1970–

International Journal of Turkish Studies, Madison Wisconsin 1980–

Der Islam (ISL), Berlin 1910–

Journal Asiatic (JA), Paris1822–

Journal of Economic and Social History of the Orient (JESHO), Leiden 1958–

Journal of Near Eastern Studies, Chicago 1942–

The Journal of Royal Asiatic Society (JRAS), London 1834–

Le Monde Oriental (OM), Uppsala 1906–

Studia Islamica, Paris - Leiden 1953–

Turcica, Paris 1969–

Wiener Zeitschrift für die Kunde des Morgenlandes (WZKM), Wien 1887–

7. Başlıca Osmanlı Tarihleri

a) Vak'anüvisler

NAİMA Mustafa Efendi, *Ravzatü'l-Hüseyn fî hûlasati ahbâri'l-hâfikeyn* (1000-1070/1592-1660), Müteferrika neşri, I-II, İstanbul 1147; müteâkıb baskılardan en çok kullanılan 6 ciltlik çerçeveli 1280 tab'ıdır.

RÂŞİD Mehmed Efendi, *Tarih* (1071-1134/1660-1722), Müteferrika neşri, I-II, 1153; 1281-82 baskısı 5 cilttir.

KÜÇÜKÇELEBİ-ZÂDE Âsım, *Tarih* (1135-1141/1722-28), Müteferrika neşri, 1153; 1282 baskısı Râşid'in zeyli gibi îtibar olunmuştur.

SÂMİ - ŞÂKİR - SUBHİ, *Subhi Tarihi* (1143-1156/1730-1743), Müteferrika neşri, İstanbul 1198.

İZZÎ Süleyman, *Tarih* (1157-1165/1744-51), İstanbul 1199.

HÂKİM MEHMED Efendi, *Tarih* (1166 -1180/1753-1766), TSMK, Bağdad Köşkü, nr. 231, 233/1.

ÇEŞMÎ-ZÂDE Reşid Mustafa Efendi, *Çeşmî-zâde Tarihi,* 1180-1182/1766-1768 (yay. Bekir Kütükoğlu) Edebiyat Fakültesi yay., nr. 754, İstanbul 1959.

VÂSIF Ahmed Efendi, *Mehâsinü'l-âsar ve Hakāyıkü'l-ahbâr* (1166 -1219/1753-1804), 1166 -1188 vekāyii, I-II, İstanbul 1219; 1197-1201 vekāyii (yay. Mücteba İlgürel), Edebiyat Fakültesi yay., nr. 2242, İstanbul 1978. Vâsıf'ın diğer vekāyinâme cüzleri için bk. *İA,* XIII/139, 278 vd.

MÜTERCİM Ayıntâbî Ahmed Âsım, *Tarih* (1201 - III. Selim sonları), I-II, İstanbul tarihsiz.

ŞÂNÎ-ZÂDE Atâullah Mehmed Efendi, *Tarih* (1223-1236/1808-21), I-IV, İstanbul 1290-91.

ES'AD Efendi, *Tarih* (1237-1241/1821-25), basılmamış olup muhtemelen pâdişaha sunulan yazmaları Üniv. Ktb., TY nr. 6002-6005'dedir.

AHMED CEVDET PAŞA, *Tarih* (1188-1241/1774-1826), I-XII, son baskı, İstanbul 1309.

AHMED LÜTFİ Efendi, *Tarih,* I-VII (1242-1260/1826-44), İstanbul 1290 -1306; VIII (1261-1265/1845-48), Abdurrahman Şeref neşri, İstanbul 1328; IX (1266-1277/1849-61), Münir Aktepe neşri, Edebiyat Fakültesi yay. nr.

3130, İstanbul 1984; X-XV (1278-1291/1862-75), TTK yay., III. Dizi - Sa. 12, Ankara 1988 -1993.

ABDURRAHMAN ŞEREF Efendi, *Tarih* (1324-1327/1906-1909), TTK Yazmaları, nr. 542.

Vak'anüvis Tarihleri hakkında tafsilat için bk. Bekir KÜTÜKOĞLU, «Vekāyinüvis», *İA*, XIII/138-9, 271-287. Yeni bir düzenlemeyle neşri: *Vekayi'nüvis. Makaleler*. İstanbul Fetih Cemiyeti yay., nr. 89, İstanbul 1994, s. 103-138.

b) Özel Tarihler

ÂŞIK PAŞA-ZÂDE, *Tevârih-i Âl-i Osman*, İstanbul 1332; F. Giese neşri, Leipzig 1929.

NEŞRÎ, *Cihannümâ* (Oğuzlar'dan II. Bayezid devri sonuna kadar), F.R. Unat - M. A. Köymen neşri, I-II, TTK yay., Ankara 1949, 1957; F. Taeschner'in faksimile neşri, I (Menzel nüshası) - II (Manisa nüshası), Leipzig 1951, 1955.

LÜTFİ PAŞA, *Tevârih-i Âl-i Osman* (Başlangıçtan 961/1554'e kadar), Âlî neşri, İstanbul 1341.

KEMÂL PAŞA-ZÂDE Şemseddin Ahmed, *Tevârih-i Âl-i Osman* (Başlangıcından Mohac Seferi Dönüşüne kadar, her pâdişah devri bir defter)

I-II. defter, Ş. Turan'ın eski harfli neşri, Ankara 1970, 1983.

VII. defterin Ş. Turan tarafından faksimilesi, Ankara 1954; yeni harfli édition critique'i, 1957.

IX. defterin A. Uğur tarafından hazırlanan yeni harfli édition critique'i, Berlin 1985.

X. defterin Pavet de Courteille tarafından yapılan eski harfli neşri ve Fransızca tercümesi, Paris 1859.

HOCA SA'DEDDİN Efendi, *Tâcü't-tevârih* (Osman Gazi'den Yavuz Selim sonuna kadar), I-II, 1279-80.

ÂLÎ, Gelibolulu Mustafa, *Künhü'l-ahbâr* (Basılmış kısmı İstanbul'un fethine kadar olup 5 cilttir), İstanbul 1277; Üniv. Ktb., TY nr. 5959 (Osmanlılar için en çok kullanılan yazma).

SELÂNİKÎ Mustafa Efendi, *Tarih* (Eser 971-1008/1563-1600 yıllarını ihtivâ eder. Eski harfli matbu'u 1000/1592'de biter.), İstanbul 1281; Tamamının

Mehmet İpşirli tarafından hazırlanmış édition critique'i, İ.Ü. Edebiyat Fakültesi yay., nr. 3371, İstanbul 1989.

HASAN BEY-ZÂDE Ahmed Efendi, *Tarih (Tâcü't-tevârih*'i telhis ettikten sonra, Kānûnî'den 1045/1635'e kadar olan vekāyii kaleme almıştır), édition critique'i için bk. Nezihi Aykut *Hasan Bey-zâde Tarihi,* İ.Ü. Edebiyat Fakültesi Doktora Tezi (Eser TTK tarafından basılmaktadır).

SOLAK-ZÂDE Mehmed Hemdemî, *Tarih* (Kuruluştan 1054/1644'e kadar), İstanbul 1298.

PEÇUYLU İbrahim, *Tarih* (926-1058/1520-1648), I-II, İstanbul 1281, 1283.

KÂTİB ÇELEBİ, *Fezleke* (1000-1065/1591-1654), I-II, İstanbul 1286, 1287.

SİLÂHDAR Fındıklılı Mehmed Ağa, *Tarih* (1065-1106/1654-1695), I-II, TTE yay., İstanbul 1928.

———, *Nusretnâme* (1106-1133/1695-1721), İ. Parmaksızoğlu tarafından sadeleştirilerek yapılan neşri, I-II, İstanbul 1962, 1969.

DEFTERDAR SARI MEHMED PAŞA, *Zübde-i Vekāyiât,* İ.Ü. Edebiyat Fakültesi Doktora Tezi (Abdülkadir Özcan tarafından hazırlanan édition critique'i TTK tarafından basılmaktadır).

ŞEM'DÂNÎ-ZÂDE Fındıklılı Süleyman, *Mür'i't-tevârih,* TOE neşri (Hubût-ı hazret-i Âdem'den 926/1520'ya kadar), İstanbul 1338; M. Aktepe neşri (1143-1191/1730-77), I-III Edebiyat Fakültesi yay., İstanbul 1976-81.

8. Biyografiler

a) Genel

BURSALI MEHMED TÂHİR, *Osmanlı Müellifleri,* I (Şeyh ve âlimler) - II (Âlimler, edibler ve şairler), İstanbul 1333; III (Tarihçiler, doktorlar, riyaziyeciler ve coğrafyacılar), 1342.

DANİŞMEND, İsmail Hami, *İzahlı Osmanlı Tarihi Kronolojisi,* I-IV, İstanbul 1947-55.

MEHMED SÜREYYA, *Sicill-i Osmânî veya Tezkire-i Meşâhir-i Osmaniyye,* I-IV, İstanbul 1308-1316.

TAYYAR-ZÂDE Mehmed Atâ, *Tarih-i Atâ,* I-V, İstanbul 1292–93.

b) Sadrazamlar

OSMAN-ZÂDE TÂİB, *Hadîkatü'l-vüzerâ,* İstanbul 1271; Freiburg 1969 (Zeylleri ile birlikte basılmıştır).

Zeylleri (Kronolojik olarak)

DİLÂVER AĞA-ZÂDE Ömer Vâhid (1115-1143/1703-1730)

ŞEHRÎ-ZÂDE Mehmed Said, *Gül-i Zîbâ* (1115-1170/1703-1756)

CAVİD AHMED, *Verd-i Mutarrâ* (1170-1220/1756-1805)

BAĞDADLI Abdülfettah Şefkat (1220-1223/1805-1808)

AHMET RIF'AT, *Verdü'l-Hadâ'ik,* taşbasması tarihsiz; Freiburg 1970.

İNAL, İbnülemin Mahmud Kemal, *Osmanlı Devrinde Son Sadrazamlar,* İstanbul 1940-1953.

PAKALIN, Mehmed Zeki, *Son Sadrazamlar ve Başvekiller,* I-V, İstanbul 1940-48.

c) Şeyhülislâmlar

AHMED RIF'AT Efendi, *Devhatü'l-meşâyih* (828-1283/1425-1866; Molla Fenârî'den Ömer Hüsâmeddin Efendi'nin azline kadar şeyhülislâmların biyografisini ihtiva eder), taşbasması tarihsiz; fotomekanik baskı, Çağrı yay., İstanbul 1978.

(ALTINAY), Ahmed Refik, «Osmanlı Şeyhülislâmları», *İlmiye Salnâmesi,* İstanbul 1334, s. 322 - 641.

MÜSTAKİM-ZÂDE Süleyman Sa'deddin, *Devha-i Meşâyih-i Kibâr,* esas (828-1158/1424-1736), I. zeyl (1158-1175/1736-1762), II. zeyl (1182-1202 / 1770-1788), Süleymaniye Ktb., Es'ad Efendi Kısmı, nr. 3756; TSMK, EH nr. 1719; Üniv. Ktb., TY nr. 4727.

Devha-i Meşâyih-i kibâr Zeylleri:

AYINTÂBÎ Mehmed Münîb (1200-1221/1786-1806), Süleymaniye Ktb., Es'ad Efendi Kısmı, nr. 2265/4-5.

SÜLEYMAN FÂİK (1221-1241/1806 -1826), Ali Emîrî-Şer'iye, nr. 1085.

MEKTÛBÎ-ZÂDE Abdülazîz (1222-1243/1807-1827), Süleymaniye Ktb.,

Es'ad Efendi Kısmı, nr. 2267.

d) Ulemâ

MECDÎ MEHMED, *Hadâ'iku-ş-Şakāik* (Taşkpörülü-zâde'nin *eş-Şak'ā'iku'n-Nu'maniyye*'sinin genişletilmiş tercümesi), İstanbul 1269.

NEV'Î-ZÂDE ATÂYÎ, *Hadâ'iku'l-hakāik fî tekmileti'ş-Şakā'ik,* İstanbul 1268.

UŞŞAKÎ-ZÂDE Seyyid İbrahim, *Zeyl-i Şakāik* (Hans Joachim Kissling tarafından önsöz ve alfabetik fihrist ilâvesiyle yapılan tıbkıbasım), Otto Harrossowitz, Wiesbaden 1965.

ŞEYHÎ Mehmed Efendi, *Vekāyiü'l-fudelâ,* yazmaları için bk. Levend s. 363; yeni yazı metinleri ve indeksler için bk. Abdülkadir Özcan, *Tarih Bölümü Tezleri,* İstanbul 1984.

İSMET EFENDİ, Fındıklılı, *Tekmiletü'ş-Şakā'ik fî ehli'l-hakāik,* kısmî neşri: TTEM, sayı 12 (89) - 15 (92), 1925-26; yazması: Üniv. Ktb., TY nr. 9290.

(Mecdî Mehmed, Nev'î-zâde Atâyî, Şeyhî Mehmed ve İsmet Efendilerin eserlerinin indeks ilâveli tıpkı basımları: *Şakāik-i Nu'mâniye ve Zeyilleri,* Abdülkadir Özcan neşri, I-V, Çağrı Yayınları, tıpkı basımlar nr. 3, İstanbul 1989).

ALBAYRAK, Sadık, *Son Devir Osmanlı Ulemâsı (İlmiye Ricalinin Teracim-i Ahvali),* I-V, İstanbul 1980-81.

e) Kapdan Paşalar

MEHMED HAFİD, *Sefinetü'l-Vüzerâ,* İ. Parmaksızoğlu'nun sadeleştirilmiş neşri, İstanbul 1952.

RÂMİZ PAŞA-ZÂDE Mehmed İzzet, *Harita-i Kapudanân-ı Deryâ,* İstanbul 1258.

f) Reisülküttablar

İBRAHİM NÂİLÎ, *Hadîkatü'r-rüesâ,* Süleymaniye Ktb., Es'ad Efendi Kısmı, nr. 2244.

RESMÎ Ahmed Efendi, *Halîfetü'r-rüesâ* veya *Sefînetü'r-rüesâ* (Süleyman Faik zeyli ile birlikte), taşbasması, İstanbul 1269.

g) Hattatlar

ÂLÎ, Gelibolulu Mustafa, *Menâkıb-ı Hünerverân* (İbnülemin neşri), Matbaa-i Âmire, İstanbul 1926.

HABÎB EFENDİ, *Hat ve Hattatân,* Ebuziyya Matbaası, İstanbul 1305.

İNAL, İbnülemin Mahmud Kemal, *Son Hattatlar,* İstanbul 1955.

MÜSTAKİM-ZÂDE Süleyman Sa'düddin, *Tuhfe-i Hattatîn,* İbnül-emin neşri, Devlet Matbaası, İstanbul 1928.

NEFES-ZÂDE İbrahim, *Gülzâr-ı Savâb,* Kilisli Muallim Rıf'at neşri, Güzel Sanatlar Akademisi neşriyâtı, İstanbul 1939.

SUYOLCU-ZÂDE Mehmed Necib, *Devhatü'l-küttab,* Kilisli Muallim Rıf'at neşri, Güzel Sanatlar Akademisi Neşriyatı, nr. 16, İstanbul 1942.

TİLGEN, Nurullah, *Eyüplü Hattatlar,* İstanbul 1950.

h) Şuarâ Tezkireleri

AHDÎ AHMED Çelebi, *Gülşen-i Şuarâ,* Üniv. Ktb., TY nr. 2604; Süleymaniye Ktb., Halet Efendi Ek Kısmı, nr. 107; diğer nüshalar için bk. Levend, s. 273.

FATİN DÂVUD, *Hâtimetü'l-eş'ar,* taşbasması, İstanbul 1271.

İNAL, İbnülemin Mahmud Kemâl, *Son Asır Türk Şairleri* (Fatin Tezkiresine zeyl), TTE yay., İstanbul 1930-41.

KINALI-ZÂDE Hasan Çelebi, *Kınalı-zâde Tezkiresi* (Tezkiretü'ş-Şuarâ), İ. Kutluk neşri, I-II, Ankara 1978-81.

LATÎFÎ, Hatib-zâde Abdüllâtif, *Latîfî Tezkiresi,* İstanbul 1314.

RÂMİZ HÜSEYİN, *Âdâb-ı Zurefâ,* Süleymaniye Ktb., Es'ad Efendi Kısmı, nr. 3873 (müellif hattı).

RIZÂ, Seyyid Mehmed, *Rızâ Tezkiresi,* İstanbul 1316.

SAFÂYÎ MUSTAFA, *Safâyî Tezkiresi* (yazmaları için bk. Levend, s. 311).

SAHHAFLAR ŞEYHİ-ZÂDE Es'ad Efendi, *Bahçe-i Safâ-endûz,* Süleymaniye Ktb., Es'ad Efendi Kısmı, nr. 4040 (Müellif hattı).

SÂLİM, Mirzâ-zâde Mehmed Emin, *Sâlim Tezkiresi,* İstanbul 1315.

SEHÎ BEY, *Heşt Bihişt,* İstanbul 1325; Günay Kut'un faksimile neşri, Harvard 1978.

BİBLİYOGRAFYA

I. Usûlle İlgili Eserler

AÇIKGÖZ, HALİL, *İlmî Araştırma Yazılarında Uyulacak Esaslar,* Türk Dünyası Araştırmaları Vakfı yay., nr. 48, İstanbul 1988.

ALPAY, Meral - Safiye Özkan, *İstanbul Kütüphaneleri,* İstanbul 1982.

ALTUN, Ara, *Dipnotu ve Bibliyografya Esasları,* İ.Ü. Edebiyat Fakültesi yay., nr. 3389, İstanbul 1986.

AR, A. Fikret, *Büro Yönetimi Teknikleri,* TODAİE, yay., nr. 161, Ankara 1977.

ATAÖV, Türkkaya, *Bilimsel Araştırma El Kitabı,* Savaş yay., Ankara 1982.

ATSIZ, Nihal, «Fatih Sultan Mehmed'e Sunulmuş Tarihi Bir Takvim», *İstanbul Enstitüsü Dergisi,* III, İstanbul 1957, s. 17-23.

———, «Hicrî 858 Yılına Ait Takvim», *Selçuklu Araştırmaları Dergisi,* IV, Ankara 1975, s. 223-283.

———, *Osmanlı Tarihine Ait Takvimler I,* 824, 835 ve 843 Tarihli Takvimler, İstanbul 1961.

BARTHOLD, V., «Avrupa ve Rusya'da Şarkı Tetebbu' Tarihi», Ragıb Hulûsi terc., *Millî Tetebbular Mecmuası,* I/1 (İstanbul 1331), 163-186.

«Basın», *Türk Ansiklopedisi,* V, 339-344, İstanbul 1967.

BERNHEIM E., *Tarih İlmine Giriş. Tarih Metodu ve Felsefesi,* çev. M. Şükrü Akkaya, Kültür Bakanlığı yay., İstanbul 1936.

BLOCH, Marc, *Tarihin Savunusu ya da Tarihçilik Mesleği,* çev. Mehmet Ali Kılıçbay, Birey ve Toplum Yayınları, Teorik Sorunlar Dizisi, nr. 6, Ankara 1985.

BURKE, P. - S. Jones, *Tarih ve Tarihçi, Annales Okulu İzinde,* derleyen Ali Boratav, Alan Yayıncılık, Bilim Dizisi 9, İstanbul 1985.

CARR, E. H., *Tarih Nedir,* çev. Misket Gözem Göktürk, Birikim yay., Bilim ve Felsefe dizisi 3, İstanbul 1980.

ÇETİN, Atillâ, *Başbakanlık Arşiv Kılavuzu,* Enderun Kitabevi yay., İstanbul 1979.

DEWEY, Melvil, *Dewey Onlu Sistem ve Relatif Endeks,* İstanbul 1962.

DURANT, Ariel ve Will, *Târih Üzerine,* çev. Hüseyin Zamantılı, Hülbe yay. nr. 5, İstanbul 1983.

ERSOY, Osman, «Şer'iyye Sicillerinin Toplu Kataloğuna Doğru», *AÜDTCFD,* XXI/3-4 (1963), s. 33-65.

HANOTAUX, Gabriel, *Tarih ve Müverrihler,* çev. Ahmet Refik, Millî Kütüphane Tarih Serisi, nr. 6, İstanbul 1932.

HALKIN, Léon - E., *Tarih Tenkidinin Unsurları,* çev. Bahaeddin Yediyıldız, TTK yay., VII. Dizi, Sa. 105, Ankara 1989.

HANDERSON, Gerald M., «Anthropology», *Encyclopedia Americana,* II, Newyork 1976, s. 43-52.

HERODOTOS, *Herodot Tarihi,* çev. Müntekim Ökmen, Remzi Kitabevi, İstanbul 1983[2].

İBN HALDUN, *Mukaddime,* I, haz. Süleyman Uludağ, Dergâh yay., İslâm Klâsikleri, nr. 6, İstanbul 1982.

İLGÜREL, Mücteba, «Şer'iyye Sicillerinin Toplu Kataloğuna Doğru», *Tarih Dergisi,* sayı 28-29 (1975), s. 123-166.

KAFESOĞLU, İbrahim, *Tarih Metodu* (Teksir), İstanbul 1972.

Kataloglama Kuralları, Türkiye Bilimsel ve Teknik Araştırma Kurumu yay., nr. 439, Tüdok seri, 32, Ankara 1980.

KAVAKÇI, Yusuf Ziya, *İslâm Araştırmalarında Usul,* Diyanet İşleri Başkanlığı yay., Ankara 1982.

KÜTÜKOĞLU, Bekir, «Vekāyinüvis», *İA,* XIII/138-139, İstanbul 1982-83, 271a-287a.

LANGLOIS, Ch. V. - Ch. Seignobos, *Tarih Tetkiklerine Giriş,* çev. Galip Ataç, Kültür Bakanlığı yay. , İstanbul 1937.

MONOD, G., *Tarihte Usul,* çev. Kâzım Şinasi Dersan, Kültür Bakanlığı yay., İstanbul 1938.

MÜLÂYİM, Selçuk, *Sanat Tarihi Metodu,* Anadolu Sanat yay., 1, İstanbul 1983.

ONGAN, Halit, *Ankara'nın 1 Numaralı Şer'iyye Sicili,* AÜDTCF yay. nr. 125, Ankara 1958.

ÖZBARAN, Salih, «Tarihçilik Üzerine Bazı Çağdaş Görüşler», *Tarih Dergisi,* XXXII, İstanbul 1979, s. 587-606.

———, «Tarihçilik ve Toplum» *E.Ü. Tarih İncelemeleri Dergisi,* I, İzmir 1983, s. 1-7.

———, «İklim, Tarih ve İnsan», *E.Ü. Tarih İncelemeleri Dergisi,* İzmir 1983, s. 235-236.

ÖZÇELİK, İsmail, *Tarih Araştırmalarında Yöntem ve Teknikler*, Ankara 1993.

SERTOĞLU, Midhat , *Muhteva Bakımından Başvekâlet Arşivi,* AÜDTCF yay. nr. 103, Ankara 1955.

SEYİDOĞLU, Halil, *Bilimsel Araştırma ve Yazma El Kitabı, Toplumsal Bilimler Alanında Tez, Seminer, Makale ve Rapor Hazırlama Kılavuzu,* genişletilmiş 5. baskı, İstanbul 1993.

THOMSEN, David, *Tarihin Amacı,* çev. Salih Özbaran, E.Ü. Edebiyat Fakültesi yay., nr. 20, İzmir 1983.

TOGAN, A. Zeki Velîdî, *Târihde Usûl,* İ.Ü. Edebiyat Fakültesi yay., nr. 449, İstanbul 1950.

TOYNBEE, Arnold, *Tarih Bilinci* (Yazar ve Jane Caplan tarafından gözden geçirilip kısaltılmış baskı), I-II, Bateş yay., İstanbul 1978.

THUKYDIDES, *Peloponnesos'lularla Atinalıların Savaşı,* I, çev. Halil Demircioğlu, AÜDTCF yay., nr. 63, Ankara 1950.

TURABIAN, Kate, *A Manuel for Writers of Term Papers, Theses, and Dissertations,* 3. edition, revised 6. impression, The University of Chicago Press, Chicago 1972.

———, *Student's Guide for Writing College Paper,* 2. edition, revised 13. impression, The University of Chicago Press, Chicago 1974.

TURAN, Osman, *İstanbul'un Fethinden Önce Yazılmış Tarihî Takvimler,* TTK yay., XI. seri - nr. 7, Ankara 1954.

TÜTENGİL, Cavit Orhan, *Sosyal Bilimlerde Araştırma ve Metod,* Ayko yay., Bilim dizisi, 1, 5. baskı, İstanbul 1981.

UZUNÇARŞILI, İ.H. - İbrahim Kemâl Baybora - Ülkü Altındağ, *Topkapı Sarayı*

Müzesi Osmanlı Saray Arşivi Kataloğu. I. Fermânlar, TTK yay., VII. Dizi - sa. 81, Ankara 1985. II. *Hükümler - Beratlar,* Ankara 1988.

II. Örnek Olarak Kullanılan Eserler

AHMED CEVDET PAŞA, *Ma'rûzat,* yay., Yusuf Halaçoğlu, Çağrı yay., Tarih Dizisi, nr. 1, İstanbul 1980.

AKKUTAY, Ülker, *Enderûn Mektebi,* Gazi Üniversitesi Gazi Eğitim Fakültesi yay., nr. 4, Ankara 1984.

(ALTINAY), Ahmet Refik, *Osmanlı Devrinde Türkiye Madenleri (967-1200),* İstanbul 1931.

ANHEGGER, Robert - Halil İnalcık (yay.) *Kānûnnâme-i Sultânî ber Mûceb-i Örf-i Osmânî. II. Mehmed ve II. Bayezid Devirlerine Ait Yasaknâme ve Kānûnnâmeler,* TTK yay., XI. seri - nr. 5, Ankara 1956.

AYDIN, M. Akif, *İslâm-Osmanlı Aile Hukuku,* M.Ü. İlâhiyat Fakültesi yay., nr. 11, İstanbul 1985.

BARKAN, Ömer Lütfi, «Osmanlı İmparatorluğunda Bir İskân Metodu Olarak Sürgünler», *İ.Ü. İktisat Fakültesi Mecmuası,* XV/1-4 (1955), 209-239.

_____, «Osmanlı Bütçe'lerine Dair Notlar», *İ.Ü. İktisat Fakültesi Mecmuası,* XV/1-4, İstanbul 1955, s. 238-250.

_____, «Edirne Askerî Kassamına Âit Tereke Defterleri», TTK, *Belgeler,* III/5-6, Ankara 1968.

_____- Ekrem Hakkı Ayverdi, *İstanbul Vakıfları Tahrir Defteri,* İstanbul Fetih Cemiyeti İstanbul Enstitüsü yay., nr. 61, İstanbul 1970.

BAYKARA, Tuncer, «Alâiye'de Bazı Yeni Kitâbeler», *Tarih Enstitüsü Dergisi,* sayı 12, İstanbul 1985, s. 579-586.

BRAUDEL, Fernand, *Akdeniz ve Akdeniz Dünyası,* I-II, çev. Mehmet Ali Kılıçbay, Eren yay., İstanbul 1989-1990.

CEZAR, Yavuz, «Osmanlı Devleti'nin Malî Kurumlarından Tersâne-i Âmire Hazînesi ve Defterdarlığı'nın 1805 Tarihli Kuruluş Yasası ve Eki», *İktisat Fakültesi Mecmuası,* XLI/1-4 (1984), 361-388.

COOK, M.A. (ed.), *Studies in the Economic History of the Middle East. From the*

Rise of Islam to the Present Day, Oxford University Press, London 1970.

_____, *Osmanlı Maliyesinde Bunalım ve Değişim Dönemi (XVIII. yy.dan Tanzimat'a Mali Tarih),* Alan yay., Bilim dizisi, nr. 11, İstanbul 1986.

ÇAĞATAY, Neş'et, *Bir Türk Kurumu Olan Ahilik,* A.Ü. İlâhiyat Fakültesi yay., nr. 123, Ankara 1974.

EMECEN, Feridun M., *XVI. Asırda Manisa Kazâsı,* TTK. yay., XIV. Dizi - Sa. 6, Ankara 1989.

ERKİN, Feridun Cemal, *Dışişlerinde 34 Yıl, I. Anılar ve Yorumlar,* II/1-2 *Vaşington Büyükelçiliği,* TTK. yay. XVI Dizi - Sa. 40[1], 40[9], 40[91], Ankara 1987[2], 1986, 1987.

GENÇ, Mehmet, «Osmanlı Esnafı ve Devletle İlişkileri», *Ahilik ve Esnaf,* İstanbul Esnaf ve Sanatkârlar Dernekleri Birliği yay., nr. 1, İstanbul 1986.

GÖKBİLGİN, M. Tayyib, *Rumeli'de Yürükler Tatarlar ve Evlâd-ı Fâtihân,* İ.Ü. Edebiyat Fakültesi yay., nr. 748, İstanbul 1957.

GÖYÜNÇ, Nejat, *XVI. Yüzyılda Mardin Sancağı,* İ.Ü. Edebiyat Fakültesi yay., nr. 1458, İstanbul 1969.

HALAÇOĞLU, Yusuf, *XIV-XVII. Yüzyıllarda Osmanlılarda Devlet Teşkilâtı ve Sosyal Yapı,* TTK yay., VII. dizi - sa. 127, Ankara 1991.

HOCA SA'DEDDİN EFENDİ, *Tâcü't-tevârîh,* I-II, İstanbul 1279-80.

İHSANOĞLU, Ekmeleddin (ed.) *Osmanlı Devleti ve Medeniyet Tarihi,* IRCICA yay., İstanbul 1994.

İNALCIK, Halil, «Osmanlı İmparatorluğu'nun Kuruluş ve İnkişafı Devrinde Türkiye'nin İktisadî Vaziyeti Üzerinde Bir Tetkik Münâsebetiyle» *Belleten,* XV/60, Ankara 1951, s. 629-684.

KÖPRÜLÜ, Fuad, *Osmanlı İmparatorluğu'nun Kuruluşu,* İstanbul 1981.

KURAN, Ercümend, *Avrupa'da Osmanlı İkamet Elçiliklerinin Kuruluşu ve İlk Elçiliklerin Siyasî Faâliyetleri, 1793-1821,* Türk Kültürünü Araştırma Enstitüsü yay., seri III - sayı A 4, Ankara 1964.

KÜTÜKOĞLU, Bekir, *Osmanlı - İran Siyasî Münâsebetleri,* I, 1578-1590, İ.Ü. Edebiyat Fakültesi yay., nr. 888, İstanbul 1962.

_____, *Kâtib Çelebi «Fezleke»sinin Kaynakları,* İstanbul 1974.

KÜTÜKOĞLU, Mübahat S., *Osmanlılarda Narh Müessesesi ve 1640 Tarihli Narh Defteri,* Enderun Kitabevi yay., nr. 13, İstanbul 1983.

_____, *Osmanlı - İngiliz İktisâdî Münâsebetleri, I, (1580-1838),* Türk Kültürünü Araştırma Enstitüsü yay., seri III - sayı A 12, Ankara 1974.

_____, "1869'da Faal İstanbul Medreseleri", *Tarih Enstitüsü Dergisi,* sayı 7-8'den ayrı basım, İstanbul 1977.

_____, "Lütfi Paşa Âsafnâmesi (Yeni Bir Metin Tesisi Denemesi)", *Prof. Dr. Bekir Kütükoğlu'na Armağan*'dan ayrı basım, İstanbul 1991.

LEWIS, Bernard, «İzlanda'da Türkler», *Türkiyat Mecmuası,* X, İstanbul 1953, s. 277-284.

_____, *The Muslim Discovery of Europe,* Weidenfeld and Nicolson, London 1982.

LÜTFİ PAŞA, *Âsafnâme,* İstanbul Üniv. Ktb., TY nr. 786.

MERÇİL, Erdoğan, *Fars Atabegleri Salgurlular,* TTK yay., XIX. Dizi - Sa. 6, Ankara 1975.

MERT, Özcan, "İ. Metin Kunt, Bir Osmanlı Valisinin Yıllık Gelir-Gideri Diyarbekir 1670-71, İstanbul 1981, VIII+128 s.", *Tarih Dergisi,* Sayı 33 (1982), s. 460-62.

MİROĞLU, İsmet, *XVI. Yüzyılda Bayburt Sancağı,* Bayburt Kültür ve Yardımlaşma Derneği yay., nr. 1, İstanbul 1975.

MOLTKE, Helmuth von, *Türkiye Mektupları,* çev. Hayrullah Örs, Remzi Kitabevi, İstanbul 1969.

MUMCU, Ahmet, *Osmanlı Devleti'nde Siyaseten Katl,* A.Ü. Hukuk Fakültesi yay., nr. 180, Ankara 1963.

_____, *Hukuksal ve Siyasal Karar Organı Olarak Divan-ı Hümayun,* A.Ü. Hukuk Fakültesi yay., nr. 394, Ankara 1976.

ORHONLU, Cengiz, *Osmanlı İmparatorluğu'nda Derbend Teşkilâtı,* İ.Ü. Edebiyat Fakültesi yay., nr. 1209, İstanbul 1967.

_____, *Osmanlı Tarihine Âid Belgeler. Telhisler,* İ.Ü. Edebiyat Fakültesi yay., nr. 1511, İstanbul 1970.

_____, *Osmanlı İmparatorluğu'nun Güney Siyaseti. Habeş Eyaleti,* İ.Ü. Edebiyat Fakültesi yay., nr. 1856, İstanbul 1974.

ORTAYLI, İlber, *Tanzimattan Sonra Mahallî İdareler,* Türkiye ve Orta Doğu Amme İdaresi Enstitüsü yay., nr. 142, Ankara 1974.

SELÂNİKÎ Mustafa Efendi, *Tarih,* İstanbul 1281.

SHAW, Stanford J. - Ezel Kural Shaw, *Osmanlı İmparatorluğu ve Modern Türkiye,* II, Türkçesi Mehmet Harmancı, İstanbul 1983.

SOLAKZÂDE Mehmed Hemdemî, *Tarih,* TSMK, III. Ahmed Kısmı, nr. 3078.

SÜMER, Faruk, *Oğuzlar (Türkmenler) Tarihleri - Boy Teşkilâtı - Destanları,* AÜDTCF yay., nr. 70, Ankara 1972.

_____, *Karakoyunlular* (Başlangıçtan Cihan-Şah'a kadar), I, TTK yay., VII. dizi - sa. 49a, Ankara 1984.

ŞAHİN, İlhan - Feridun Emecen (yay.), *Osmanlılarda Divân - Bürokrasi - Ahkâm. II. Bâyezid Dönemine Ait 906/1501 Tarihli Ahkâm Defteri,* Türk Dünyası Araştırmaları Vakfı yay., nr. 128, İstanbul 1994.

TABAKOĞLU, Ahmet, *Gerileme Dönemine Girerken Osmanlı Maliyesi,* Dergâh yay., Tarih Dizisi: 10, İstanbul 1985.

TDK, *Türkiye'de Halk Ağzından Derleme Sözlüğü,* I-XI, Ankara 1963-1979.

UZUNÇARŞILI, İsmail Hakkı, *Osmanlı Devleti Teşkilâtından Kapıkulu Ocakları,* I-II, TTK yay., VIII. seri - no. 12^1 ve 12^2, Ankara 1943-44.

_____, *Osmanlı Devleti'nin Merkez ve Bahriye Teşkilâtı,* TTK yay., VIII. seri-no. 16, Ankara 1948.

_____, *Osmanlı Devleti'nin İlmiye Teşkilâtı,* TTK yay., VIII. seri - sa. 17, Ankara 1965.

_____, *Çandarlı Vezîr Âilesi,* TTK yay., VII. Dizi - Sa. 66, Ankara 1974.

ÜLGENER, Sabri, *İktisadî Çözülmenin Ahlâk ve Zihniyet Dünyası,* Der yay., İstanbul 1981^2.

YEDİYILDIZ, Bahaeddin, *Ordu Kazası Sosyal Tarihi (1455-1613),* Kültür ve Turizm Bakanlığı yay., Kültür Eserleri Dizisi: 42, Ankara 1985.

Yeni İkdam, sayı 495, İstanbul 25 Temmuz 1911.

İNDEKS[1]

1 Örneklerdeki isimler indekse alınmamıştır.

- F -

- G -

- H -

– İ –

– K –

– L –

– M –

– N –

– O, Ö –

- P -

- R -

- S -

– U, Ü –

– V –

– Y –

– Z –